초등학교 1학년

우리말 우리글

초등학교 1학년

우리말 우리글

전국초등국어교과모임 지음

전국초등국어교과모임 선생님들이
10년간의 연구와 집필 끝에 만든 국어 교과서

초대하는 글

국정 교과서를 뛰어넘는
또 다른 교과서를 꿈꿨습니다!

국정 교과서를 가르치면서 자주 답답함을 느꼈습니다. 한 시간 한 시간 정해 놓은 배울 거리를 따라가다 보면 교과서만 남고 아이들 삶은 만나기가 힘들었습니다. 가끔 동화나 이야기를 바꿔 보기도 하고 활동을 바꿔 보기도 했지만 답답함은 좀체 풀리지 않았습니다. 어떻게 하고 또 무엇을 할지, 갈 길은 뚜렷했지만 과연 그 길을 열 수 있을까 걱정이 되었습니다.

벌써 10년도 더 된 이야기입니다. 전국에 흩어져서 국어 교과 공부를 하던 선생님들이 한자리에 모였습니다. 머리칼이 희끗희끗한 선생님도 있었고, 이제 갓 학교에 들어온 선생님도 있었습니다. 다들 그렁그렁한 눈빛으로 우리가 만들 교과서에 대해 이야기를 나누었고 그렇게 전국초등국어교과모임이 생겨났습니다.

우리는 곧장 교과서를 만들었습니다. 어떤 날은 낱자의 차례를 두고 한참 토론을 벌이기도 했고, 다른 이들이 실천한 교육 내용을 듣느라 밤을 새기도 했습니다. 그러다가 벽에 부딪히면 프랑스나 이탈리아의 교과서를 살펴보기도 했습니다. 지금 생각해 보면 어떻게 그럴 수 있었는지 모를 일입니다. 그렇게 몇 년을 연구한 끝에 《초등학교 1학년 우리말 우리글》이 세상에 나왔습니다.

국정이라는 틀에서 보자면 나라에서 만든 교과서도 나름의 의미가 있습니다. 문제는 전국의 모든 학생에게 단 하나의 교과서로만 공부하라고 강요하는 것입니다. 가르치는 선생님과 배우는 학생 모두 제각각이고 사는 곳도, 나누는 말도 다들 조금씩 다른데 말입니다. 그래서 우리는 국정이 아닌 또 다른 빛깔의 교과서를 만들었습니다. 우리가 만든 교과서는 아이들을 직접 가르치며 느낀 문제들을 풀어낼 수 있는, 현장 교사들의 바람이 담긴 교과서라고 할 수 있을 것입니다.

《초등학교 1학년 우리말 우리글》이 세상에 나오고 나서 수업 시간에 아이들과 함께 이 책을 가지고 공부할 때가 많았습니다. 매일매일 하나의 낱자를 가지고 쓰고 읽고 이야기를 나누었습니다. 글자를 모르는 아이들은 차근차근 공부할 수 있어서 좋았고, 글자가 익숙한 아이들도 낱자를 낱말로 확장하는 재미가 있어 좋았습니다.

국정에서는 잠깐 다루고 넘어가는 문법도 쉬운 우리말로 생각하고 나눌 수 있었습니다. 아이들은 어느새 문법을 딱딱하게 받아들이지 않고 말을 잘 쓰고 가꿀 수 있게 되었습니다. 아이들은《초등학교 1학년 우리말 우리글》을 공부하면서 누가 시켜서 억지로 하는 공부가 아니라 자기가 좋아서 말하고 듣고 읽고 쓰는 놀이를 했고, 그러다 보니 언어능력도 절로 좋아졌습니다. 그렇게 재미나게 공부를 하면서 초등학교를 졸업하면 우리말을 좋아하는 마음을 잃지 않으면서 우리말을 제대로 부려 쓰는 능력도 갖추게 됩니다.

많은 초등학교 선생님들이 아이들과 함께《초등학교 1학년 우리말 우리글》로 공부했습니다. 하지만 학교에서보다는 글말을 처음 배우는 아이들을 둔 가정에서 더 많이 썼고, 여기저기 흩어져서 새로운 교육을 꿈꾸는 대안학교 아이들과 선생님들이 이 책의 좋은 친구가 되어 주었습니다. 가끔 유치원에서 이 책을 교재로 쓰고 있다며 연락을 해 오기도 했습니다. 앞으로도 이렇게《초등학교 1학년 우리말 우리글》을 만나는 누구라도 이 책을 통해 삶을 나누고 가꾸어 가면 좋겠습니다.

가끔 전화를 받습니다. 한 번도 본 적 없는 사람들이《초등학교 1학년 우리말 우리글》의 개정판이 언제 나오는지 물어봅니다. 등을 떠미는 것 같습니다. 이 책은 모두가 하나의 꿈을 꾸었기에 세상에 나올 수 있었습니다. 답답한 국정의 틀에서 벗어나고 싶은 선생님들이 모여서 이야기를 나누고, 그 뜻을 알아주는 출판사가 도움을 주고, 이 책을 만난 아이들이 재미난 공부를 할 수 있어야 합니다. 한 부분도 빠지면 계속되기가 어렵습니다. 힘든 길이더라도 모두가 함께 꿈을 꾸면 가지 못할 길은 없다고 생각합니다. 이제 다시《초등학교 1학년 우리말 우리글》이 세상에 나왔으니 모두와 함께 그 길을 더 힘차게 갈 수 있을 것 같습니다.

2013년 2월
전국초등국어교과모임

이 책의 특징

- 아이들의 삶을 바탕으로 입말과 글말을 고루 배우도록 하였습니다.
- 듣기, 말하기, 읽기, 쓰기, 문학, 말본을 통합적으로 공부할 수 있게 하였습니다.
- 글자를 배우는 속도를 고려하여, 낱자를 1년 동안 차근차근 배울 수 있도록 하였습니다.
- 낱자가 들어간 바탕 낱말을 중심으로 각 마당을 구성하였습니다.

마당별 목표와 내용

	첫째 마당	둘째 마당	셋째 마당	넷째 마당	다섯째 마당
입말	귀 기울여 듣고, 자신 있게 말하기					
글말	또렷하고 정확하게 소리 내어 읽고, 글자(낱자, 낱말)나 문장 쓰기				
낱자	ㅏ, ㅑ, ㅓ, ㅕ, ㅗ, ㅛ, ㅜ, ㅠ, ㅡ, ㅣ	ㄱ, ㄲ, ㄴ, ㄷ, ㄸ, ㄹ	ㅁ, ㅂ, ㅃ, ㅅ, ㅆ, ㅇ	ㅈ, ㅉ, ㅊ, ㅋ, ㅌ, ㅍ, ㅎ	ㅐ, ㅒ, ㅔ, ㅖ, ㅘ, ㅝ, ㅙ, ㅞ, ㅢ, ㅚ, ㅟ, ㄳ, ㅀ, ㅈ, ㄺ, ㄻ, ㄿ, ㅄ, ㄵ, ㄶ
바탕 낱말	아버지, 야구, 어머니, 여우, 오리, 요리, 우산, 유리창, 으뜸, 이마	길, 꽃, 눈, 달, 똥, 리을	문, 비, 뿔, 손, 쌀, 알	잠, 짝, 춤, 코, 탈, 풀, 해	날개, 베개, 황소, 원숭이, 돼지, 웬, 회오리, 가위, 앉다, 않다, 핥다, 흙, 닮다, 싫다, 없다, 몫, 넓다
문장 짜임	임자말+풀이말, 임자말+부림말+풀이말 등 여러 문형 말하기 연습				
문장 연결	원인과 결과, 시간 순서 등에 따라 문장 말하고 쓰기				
말본	홀소리의 원리	연음, 임자말	풀이말, 이름씨, 움직씨	토씨, 띄어쓰기, 문장 부호	발음, 맞춤법
갈래					이야기, 노래(시), 놀이(극), 설명

마당의 구성

듣고 말하기

낱자가 들어간 바탕 낱말을 중심으로 한 이야기나 문학 작품으로 이야기꽃이 피게 하였습니다. 이를 통해 낱자나 낱말을 자연스럽게 받아들일 수 있으며, 자신의 경험을 입말 상황과 관련 지어 생각해 볼 수도 있을 것입니다.

읽고 쓰기

낱자나 낱말을 읽고 쓰고 찾아보는 활동, 낱말과 관련된 문장을 글말로 써 보는 활동 등을 다양하게 배치하여, 글말을 쉽게 익힐 수 있도록 하였습니다.

쓰기 공책

별책부록인 〈쓰기 공책〉으로 낱자와 낱말, 문장 쓰기 연습을 할 수 있습니다. 아이들이 지루해 하지 않도록 간단한 놀이와 활동도 곁들였습니다.

말본

아이들이 어렵고 딱딱하게 여길 수 있는 말본 지식을 간단한 형태로 제시하여, 쉽게 이해할 수 있도록 하였습니다.

드러내기

놀이·노래하기, 만들기, 그리기, 쓰기, 말하기, 꾸미기 등과 같은 활동을 통해, 혼자서 혹은 여럿이서 함께 표현해 보게 함으로써 통합적인 언어활동이 이루어질 수 있도록 하였습니다. 이러한 활동을 통해 한층 재미있고 알찬 수업이 될 것입니다.

차례

첫째 마당

1	보미네 집	12
2	학교 가는 길	16
3	보미네 교실	20
4	보미네 학교	24
5	쉬는 시간	30
6	학교 뜰	34
7	학교 운동장	38
8	교실 풍경	42
9	집으로 갈 시간	48
10	보미네 집 앞	52

둘째 마당

1	길을 잃었어요	60
2	꽃이 피었어요	68
3	눈으로 말해요	76
4	달님, 들어주세요	84
5	똥 똥 귀한 똥	92
6	ㄹ이 사라졌어요	100

셋째 마당

1	문을 열어요	110
2	비 오는 날	118
3	뿔이 생겼어요	126
4	재주 많은 손	134
5	쌀밥 보리밥	142
6	톡 톡, 무슨 알일까?	150

넷째 마당

1	뒤죽죽 박죽죽 잠나라	160
2	내 짝은 금 긋기 대장	168
3	춤을 추어요	176
4	왕코뺑코	184
5	탈 전시회	192
6	풀싸움	200
7	열 개의 해	208

다섯째 마당

1	재주 많은 네 형제	218
2	하나는 뭐니?	228
3	어디까지 왔니?	230
4	호랑이의 줄무늬는 왜 생겼을까?	236
5	송아지 낮잠	244
6	겨울 물오리	245
7	후다닥 기차	250
8	눈썰매장	258

첫째 마당

1 보미네 집
2 학교 가는 길
3 보미네 교실
4 보미네 학교
5 쉬는 시간
6 학교 뜰
7 학교 운동장
8 교실 풍경
9 집으로 갈 시간
10 보미네 집 앞

1 보미네 집

안녕하세요.
나는 보미예요.
나는 여자아이예요.
나는 강아지를 좋아해요.

◇ 보미네 식구들은 저마다
  무엇을 하고 있나요?

첫째 마당 13

읽고 쓰기

- 'ㅏ'가 들어 있는 낱말을 알아보아요.

ㅏ

아버지

나무

바지

아장아장

- 'ㅏ'가 들어 있는 낱말을 말해 보아요.

- 'ㅏ'를 읽고 써 보아요.

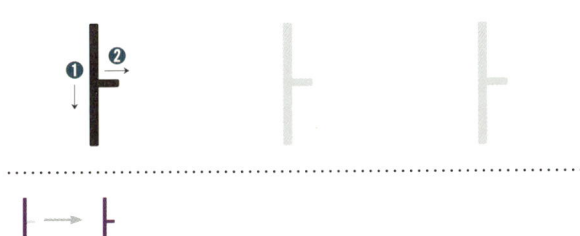

ㅣ→ㅏ

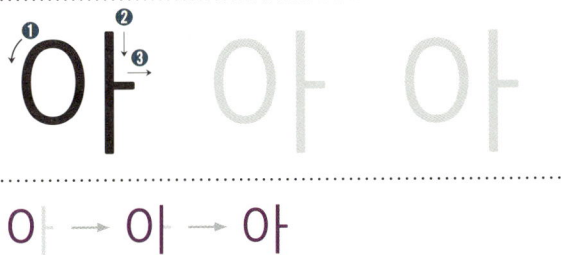

아 → 아 → 아

첫째 마당 **15**

2 학교 가는 길

나는 누리와 학교에 가요.
재미있게 이야기하며 가요.

◇ 여러분은 누구와 함께 학교에 가나요?
◇ 학교 가는 길에 보고 들은 것을 이야기해 보아요.

읽고 쓰기 → 쓰기 공책 4쪽

- 'ㅑ'가 들어 있는 낱말을 알아보아요.

야옹

약속

ㅑ

야구

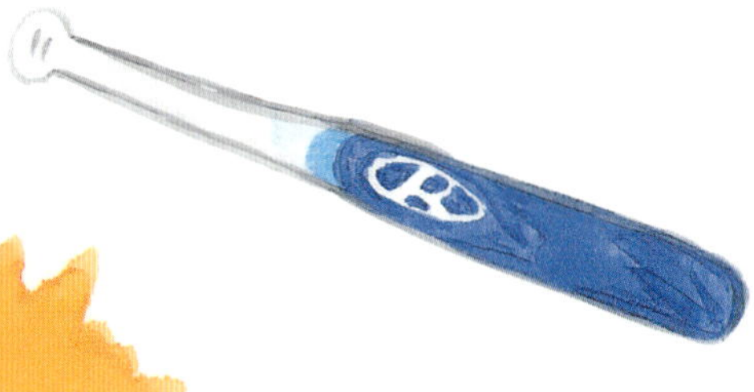

양말

- 'ㅑ'를 읽고 써 보아요.

ㅣ → ㅏ → ㅑ

야 → 아 → 야 → 야

- 'ㅑ'가 들어 있는 낱말을 말해 보아요.

첫째 마당 19

3 보미네 교실

선생님을 따라 놀이를 해요.

머리 어깨 무릎 발 무릎 발
머리 어깨 무릎 발 무릎 발 무릎
머리 어깨 발 무릎 발
머리 어깨 무릎 귀 코 귀

◇ '머리 어깨 무릎 발' 놀이를 해 보아요.

읽고 쓰기 ➜ 쓰기 공책 4쪽

- 'ㅓ'가 들어 있는 낱말을 알아보아요.

어머니

- 'ㅓ'를 읽고 써 보아요.

ㅓ ㅓ ㅓ
ㅓ → ㅓ

어 어 어
이 → 어 → 어

어깨 상어 거울

- 'ㅓ'가 들어 있는 낱말을 말해 보아요.

4 보미네 학교

선생님이랑 학교 구경하는 날이에요.
"여기는 급식실이에요.
무엇을 하는 곳일까요?"

◇ 교무실, 도서실, 보건실은 무엇을 하는 곳일까요?

읽고 쓰기 → 쓰기 공책 4쪽

- 'ㅕ'가 들어 있는 낱말을 알아보아요.

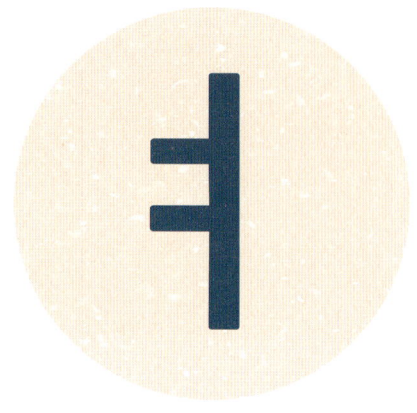

여우

겨울

- 'ㅕ'가 들어 있는 낱말을 말해 보아요.

여름

벼

- 'ㅕ'를 읽고 써 보아요.

ㅕ ㅕ ㅕ

ㅓ → ㅓ → ㅕ

여 여 여

ㅇ → 어 → 여 → 여

5 쉬는 시간

기다리던 쉬는 시간이에요.

오른발 왼발 동동동
오른손 왼손 짝짝짝

나는 동무들과 신나게 놀아요.

◇ 여러분은 쉬는 시간에 무엇을 하나요?

읽고 쓰기

➔ 쓰기 공책 4쪽

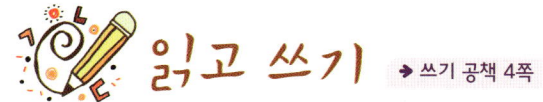

● ‘ㅗ’가 들어 있는 낱말을 알아보아요.

ㅗ

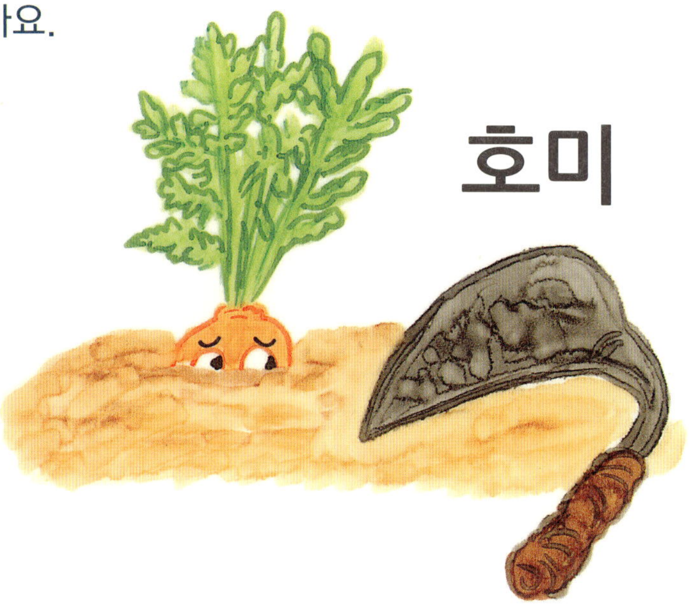

호미

고등어

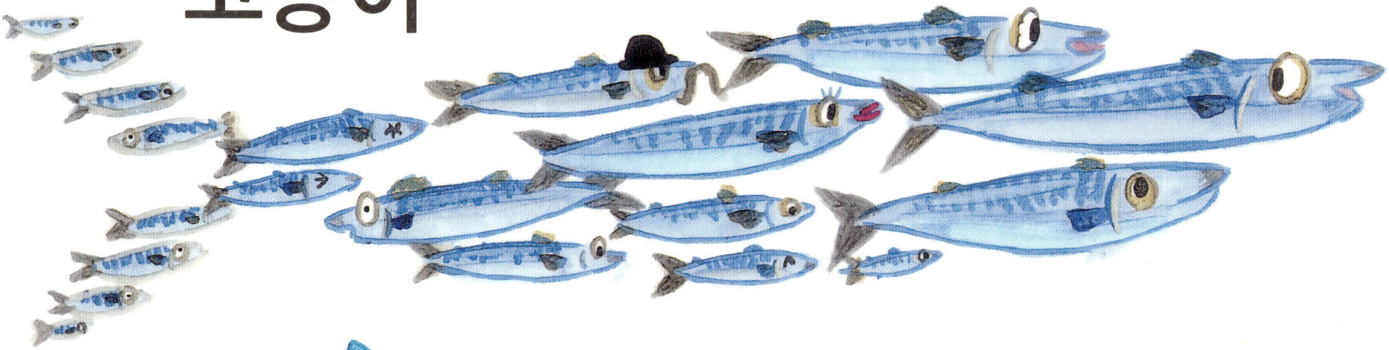

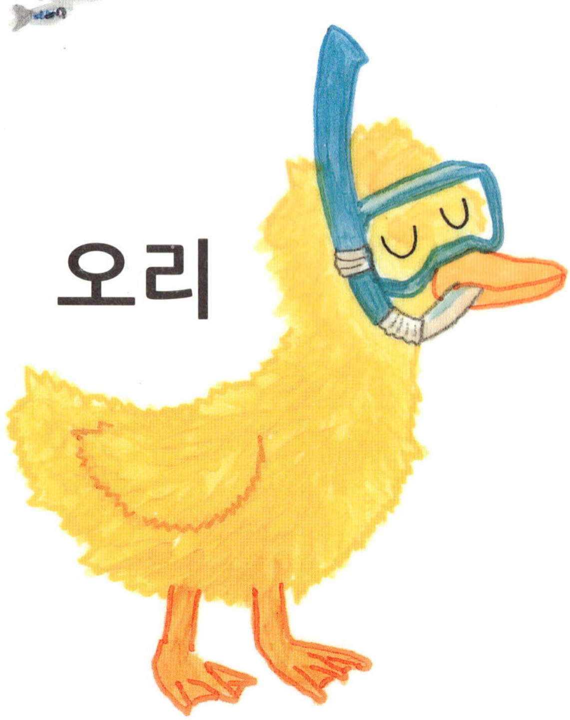

오리

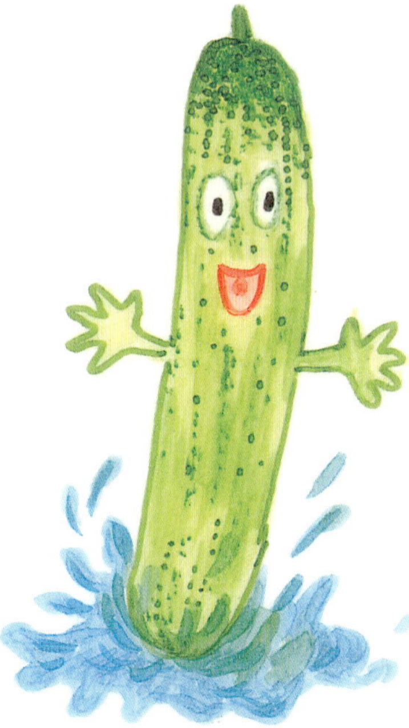

오이

- 'ㅗ'가 들어 있는 낱말을 말해 보아요.

- 'ㅗ'를 읽고 써 보아요.

ㅗ ㅗ ㅗ

ㅗ → ㅗ

오 오 오

오 → 오 → 오

첫째 마당

6 학교 뜰

동무들과 학교 뜰에 놀러 가요.
키 큰 나무도 있고요,
연못 속에는 물고기도 있어요.
풀밭에는 개미들이 줄을 지어 기어가요.

◇ 우리 학교 뜰에는 무엇이 있나요?
◇ 여러분은 학교 뜰을 어떻게 꾸미고 싶나요?

읽고 쓰기 ➜ 쓰기 공책 5쪽

● 'ㅛ'가 들어 있는 낱말을 알아보아요.

ㅛ

요리

교실

토요일

요술

- 'ㅛ'를 읽고 써 보아요.

ㅛ ㅛ ㅛ

ㅗ → ㅛ → ㅛ

요 요 요

오 → 오 → 요 → 요

- 'ㅛ'가 들어 있는 낱말을 말해 보아요.

첫째 마당 37

7 학교 운동장

운동장에서 신나게 뛰어놀아요.
나는 그네를 타고,
누리는 동무들과 얼음땡 놀이를 해요.
넓은 우리 학교 운동장이 좋아요.

◇ 여러분은 운동장에서 하는 놀이 가운데 어떤 것을 가장 좋아하나요?

 읽고 쓰기 ➜ 쓰기 공책 5쪽

- 'ㅜ'가 들어 있는 낱말을 알아보아요.

우산

ㅜ

- 'ㅜ'가 들어 있는 낱말을 말해 보아요.

지우개

구두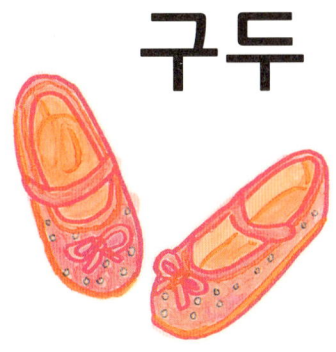

우체통

- 'ㅜ'를 읽고 써 보아요.

ㅜ ㅜ ㅜ
ㅜ→ㅜ

우 우 우
우→우→우

8 교실 풍경

비가 와요.
유리창에 떨어지는 빗방울 소리가 점점 커져요.
선생님이 무서운 이야기를 해 주신대요.
"비 오는 한밤중 깊은 산속에……."

◇ 선생님이 들려주는 무서운 이야기를 들어 보아요.
◇ 여러분이 가장 무서워하는 것은 무엇인가요?

 읽고 쓰기 → 쓰기 공책 5쪽

• 'ㅠ'가 들어 있는 낱말을 알아보아요.

ㅠ

휴지통

유모차

• 'ㅠ'를 읽고 써 보아요.

ㅠ ㅠ ㅠ

ㅠ → ㅠ → ㅠ

유 유 유

유 → 유 → 유 → 유

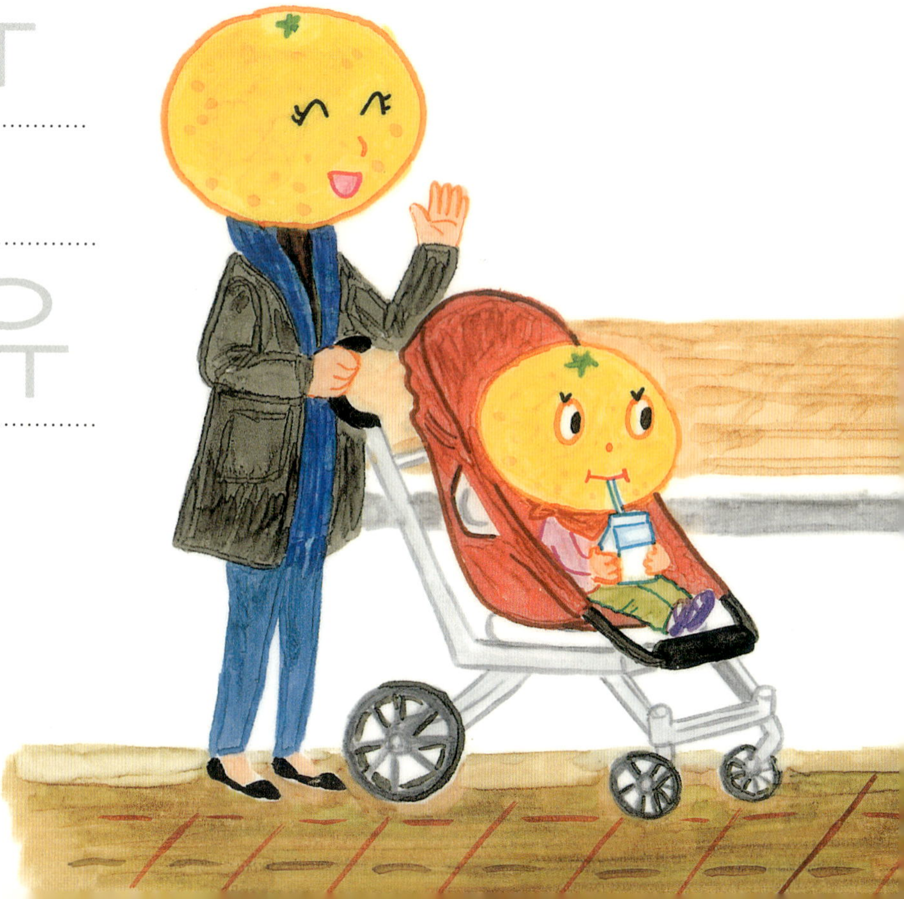

유리창

우유

- 'ㅠ'가 들어 있는 낱말을 말해 보아요.

 드러내기

- 그림에 숨어 있는 낱자를 찾아 빈칸에 써 보아요.

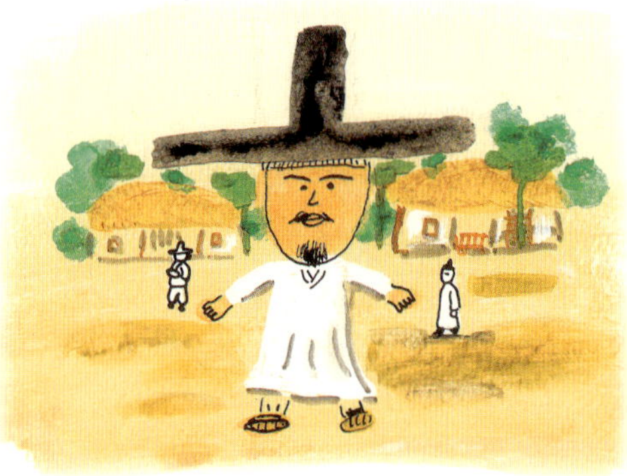

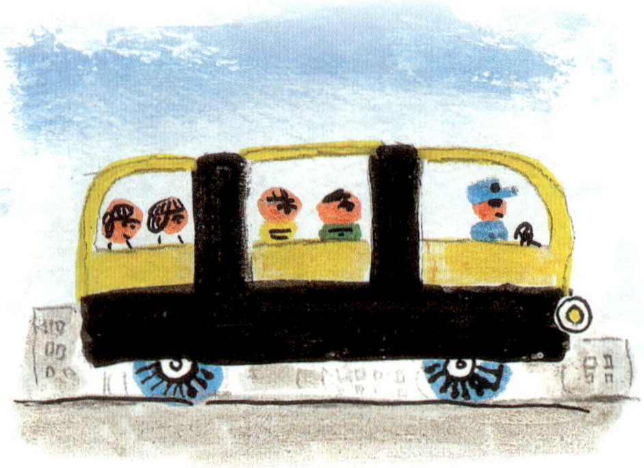

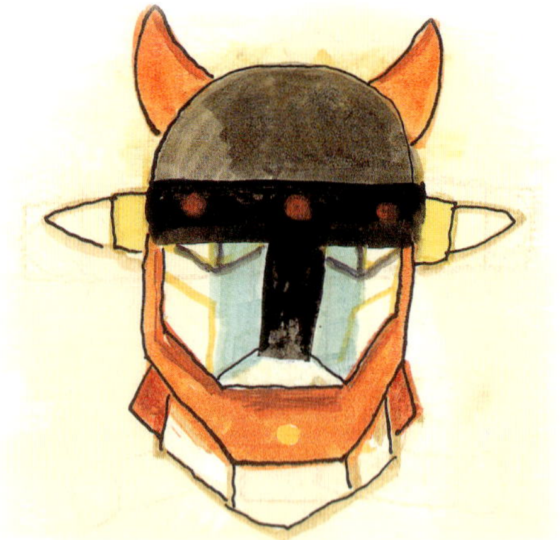

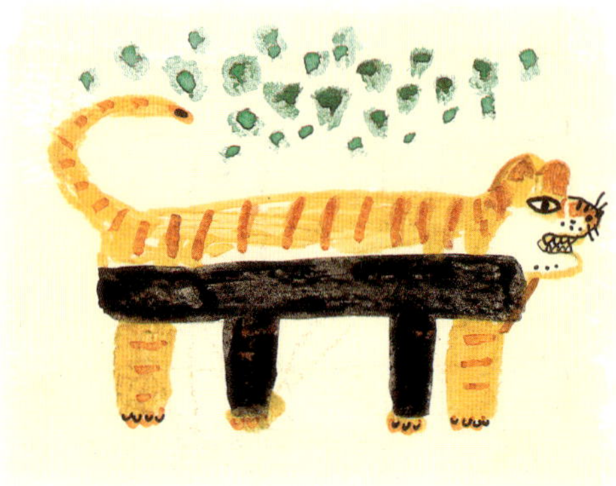

● 낱자에 어울리는 그림을 그려 보아요.

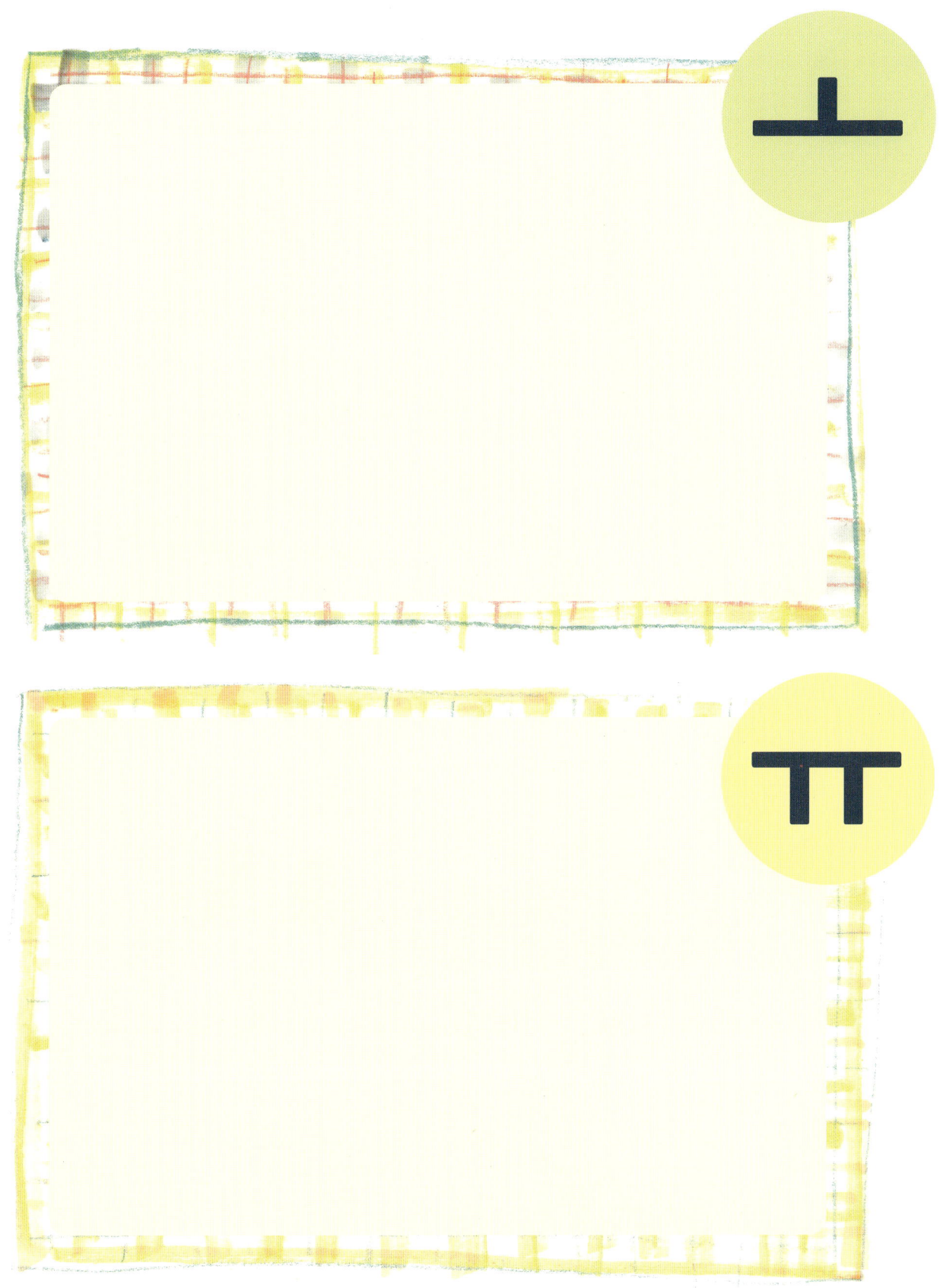

9 집으로 갈 시간

복도에 어른이 많아요.
선생님 말씀을 다 들은 다음,
두리번거리며 엄마를 찾아요.
'엄마가 오셨을까?'

◇ 오늘은 어떤 수업이 가장 재미있었나요?
◇ 여러분은 누구와 함께 집으로 가나요?

첫째 마당 49

 읽고 쓰기 ➜ 쓰기 공책 5쪽

- 'ㅡ'가 들어 있는 낱말을 알아보아요.

으쓱으쓱

얼음

응급실

으뜸

- 'ㅡ'를 읽고 써 보아요.

• 그림을 보고, '—'가 들어 있는 흉내 내는 말을 말해 보아요.

10 보미네 집 앞

할머니가 보미를 반갑게 맞아요.
"우리 보미, 이제 오네! 재밌게 놀았냐?"
"예, 할머니. 저 배고파요."
강아지도 꼬리 치며 달려와요.

◇ 여러분은 학교에서 집으로 돌아와 가장 먼저 무엇을 하나요?

읽고 쓰기 → 쓰기 공책 5쪽

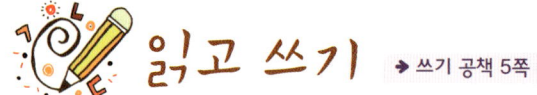

• 'ㅣ'가 들어 있는 낱말을 알아보아요.

ㅣ

거북이

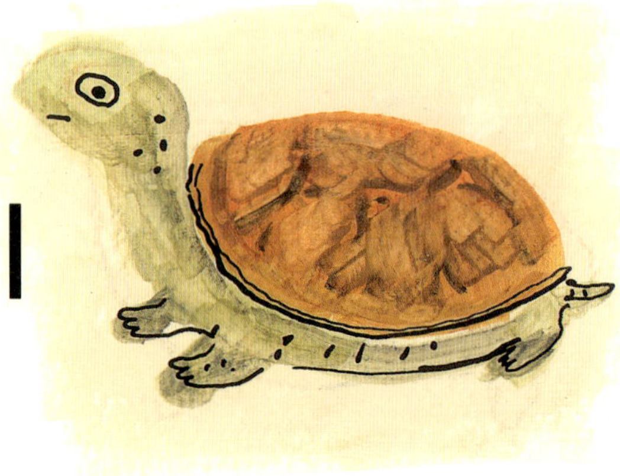

이마

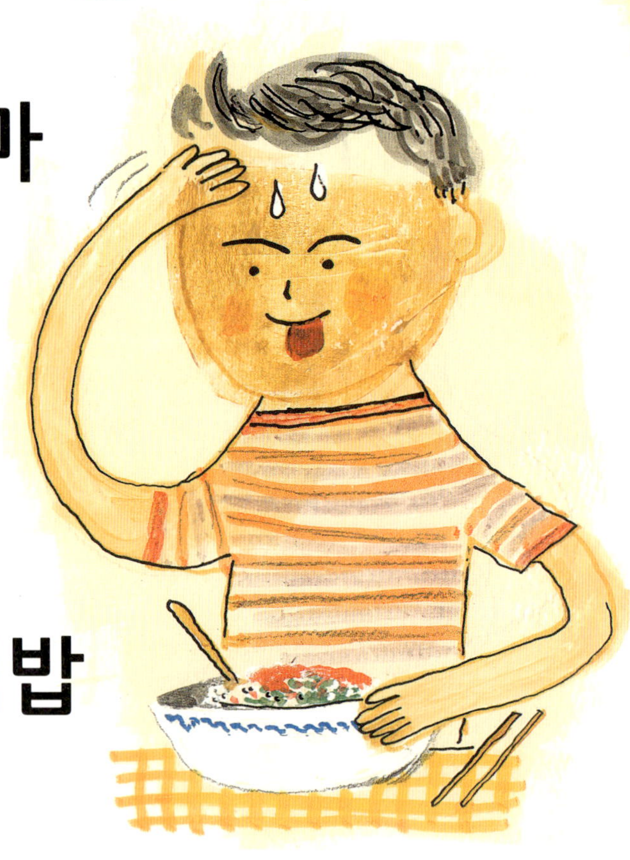

비빔밥

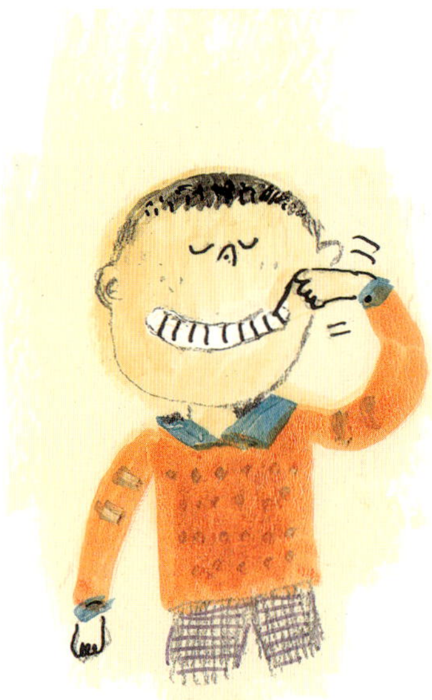

이쑤시개

• 'ㅣ'를 읽고 써 보아요.

ㅣ ㅣ ㅣ

ㅣ

이 이 이

이 → 이

● 'ㅣ'가 들어 있는 낱말을 말해 보아요.

첫째 마당 55

 드러내기 ➜ 쓰기 공책 6쪽

● 하늘, 땅, 사람이 만나서 어떤 글자가 만들어지는지 알아보아요.

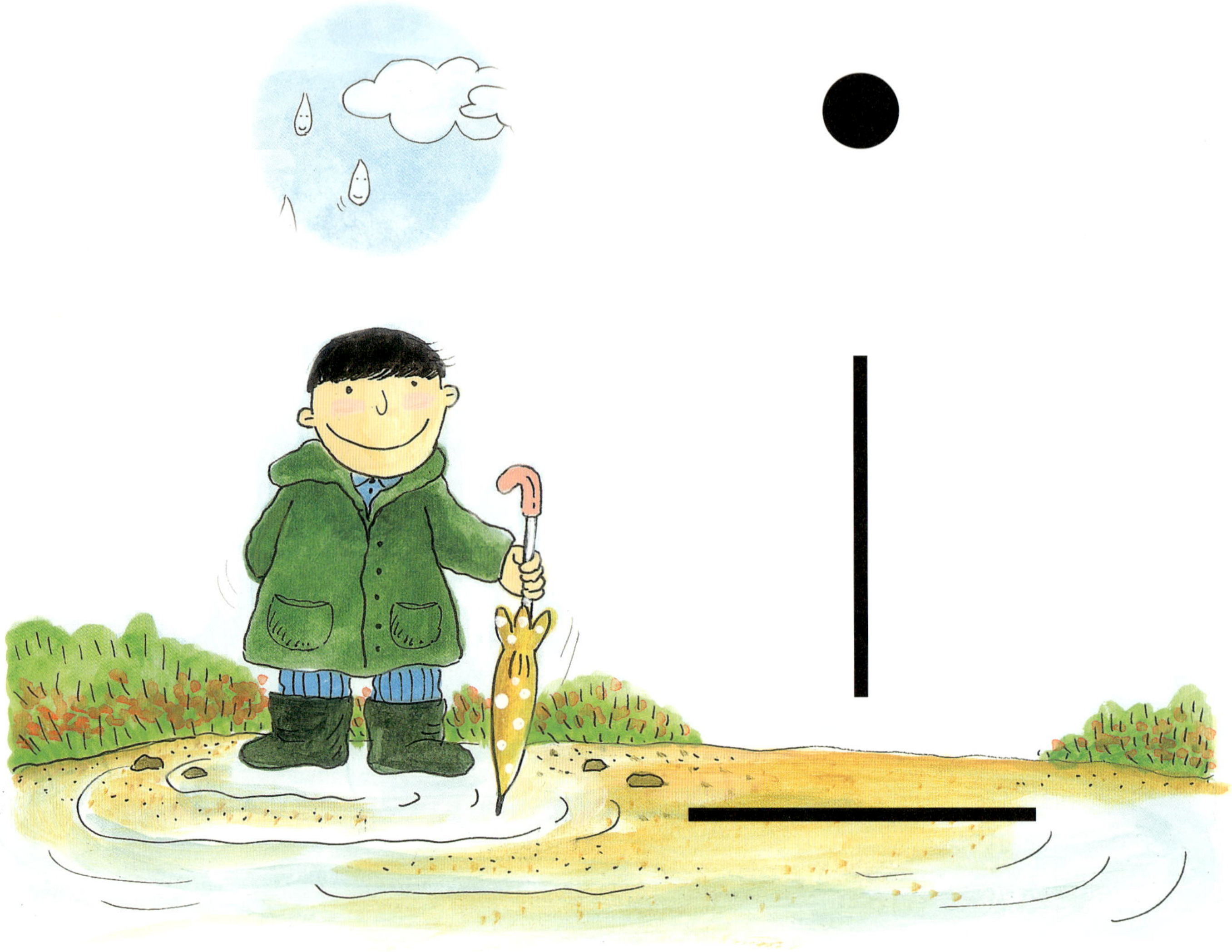

사람 ｜ + 하늘 • = ｜• → ㅏ
하늘 • + 땅 ─ = ᵒ → ㅗ
하늘 ○ + 사람 ○ = ○ → ○
땅 ○ + 하늘 ○ = ○ → ○

- 낱자를 모아서 낱말을 만들고 써 보아요.

아 야 어 여 오 요 우 유 으 이

아야 아이 여우 오이 유아

아야 아이 여우 오이 유아

아야 아이 여우 오이 유아

아야 아이 여우 오이 유아

- 낱자를 모아서 낱말을 더 만들어 보세요.

둘째 마당

1 길을 잃었어요
2 꽃이 피었어요
3 눈으로 말해요
4 달님, 들어주세요
5 똥 똥 귀한 똥
6 ㄹ이 사라졌어요

1 길을 잃었어요

보미가 엄마와 함께 시장에 갔어요.
시장에는 사람도 많고, 볼 것도 참 많아요.
보미는 신나서 이곳저곳을 기웃거렸어요.
그런데 그만 엄마를 잃어버렸어요.
"엄마!"
보미가 울면서 엄마를 부르고 있어요.

◇ 어떻게 하면 보미와 엄마가 만날 수 있을까요?
◇ 여러분도 보미처럼 길을 잃어버린 적이 있나요?

 읽고 쓰기

- 낱자를 읽고 써 보아요.

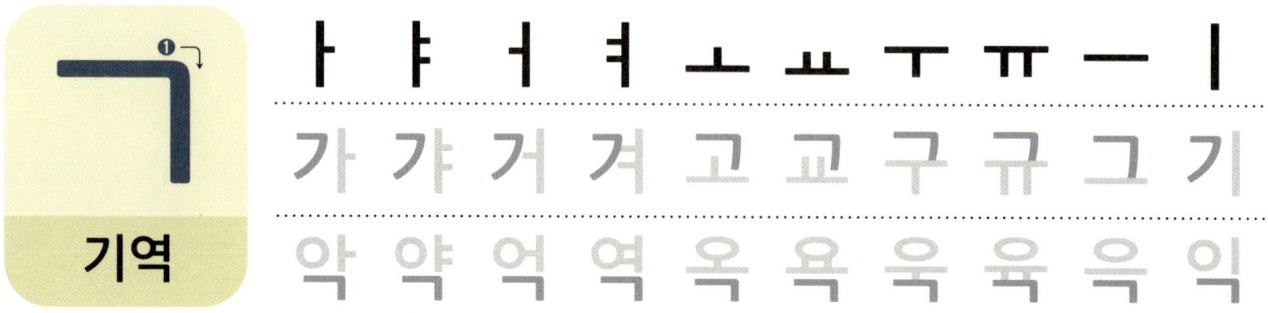

- 두 낱말의 서로 다른 점을 말해 보아요.

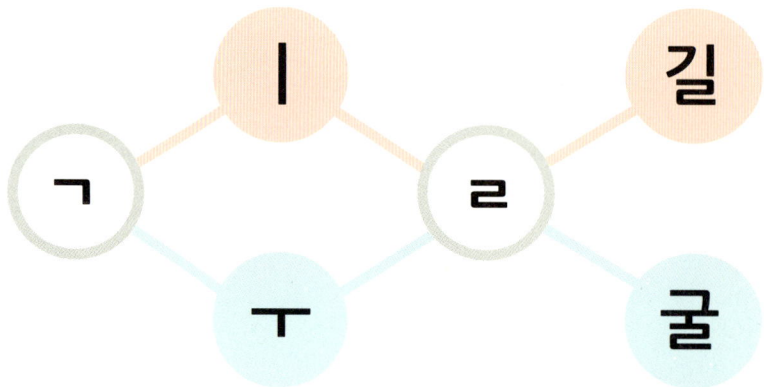

- 낱말을 읽고 써 보아요.

| 아기 | 가지 | 구이 | 거위 |

- '길'이 들어 있는 낱말을 찾아보아요.

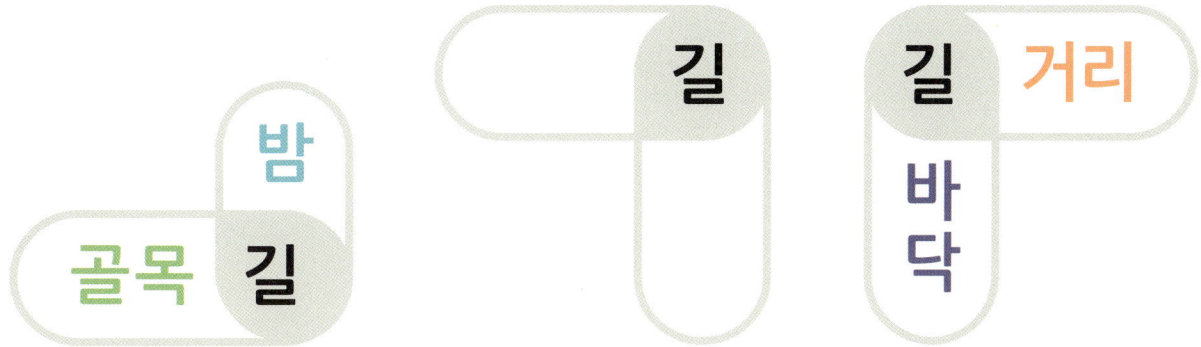

- 'ㄱ'이 들어 있는 낱말을 말해 보아요.

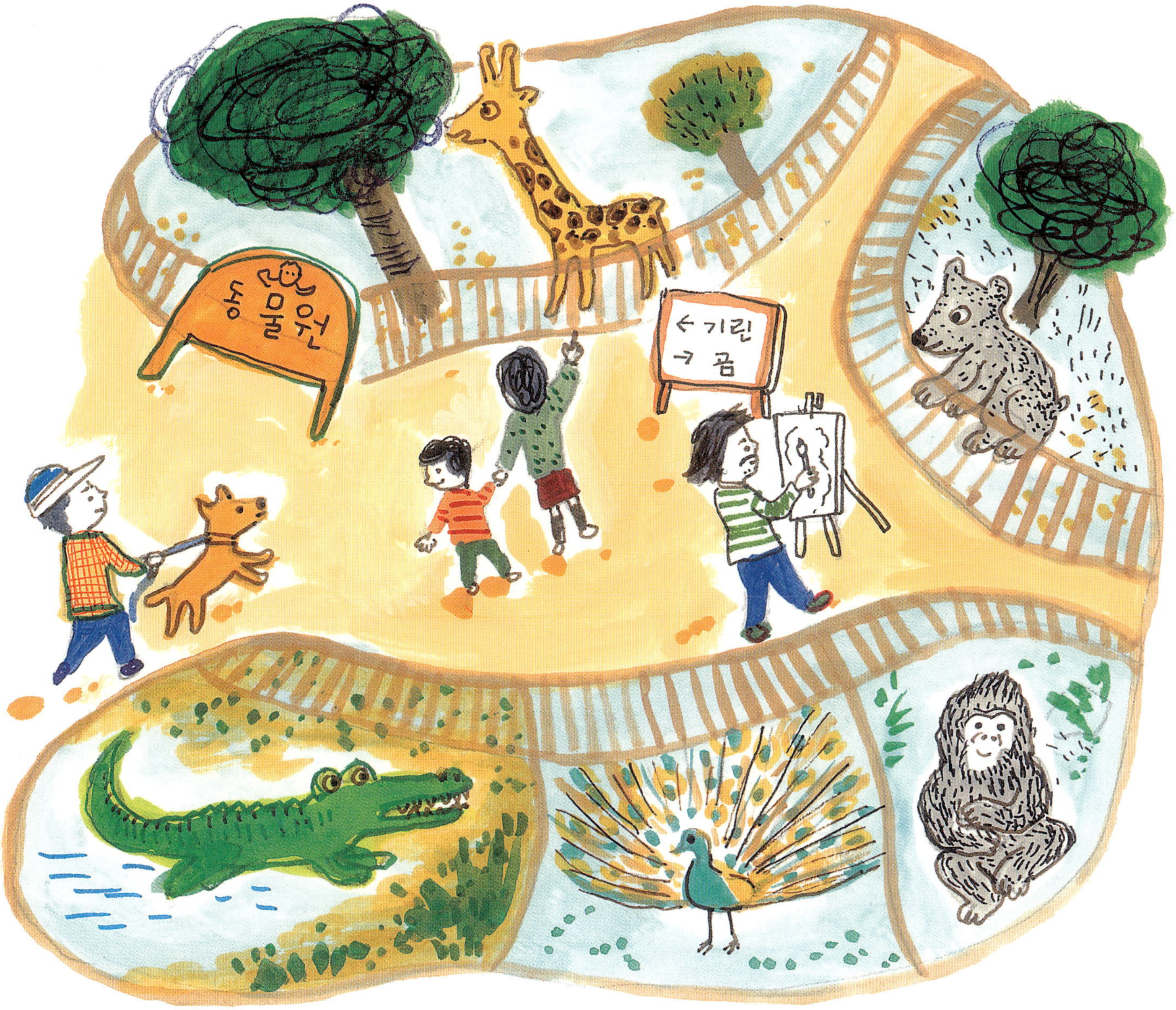

- '길'과 관련된 여러 낱말을 알아보아요.

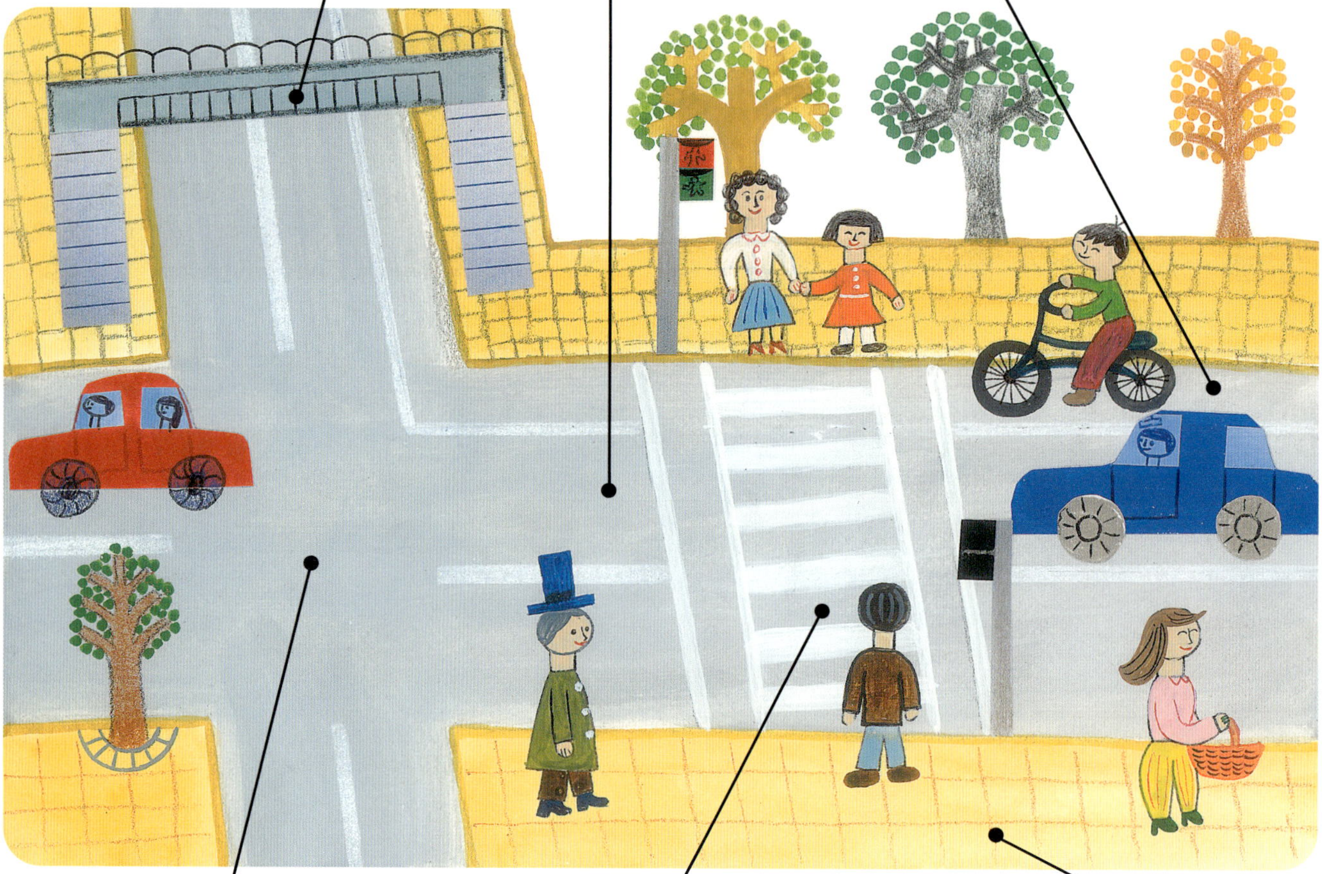

육교 차도 자전거도로

네거리 건널목 인도

- 문장을 만들어 보아요.

길이 ─┬─ 깁니다.
　　　├─ 구불구불합니다.
　　　└─

- 그림을 보고, 보기 처럼 일어난 일들을 말해 보아요.

보기
새가 비행기를 보고 깜짝 놀랐어요.

글자는 어떻게 만들어질까요?

- 첫소리
- 가운뎃소리
- 끝소리

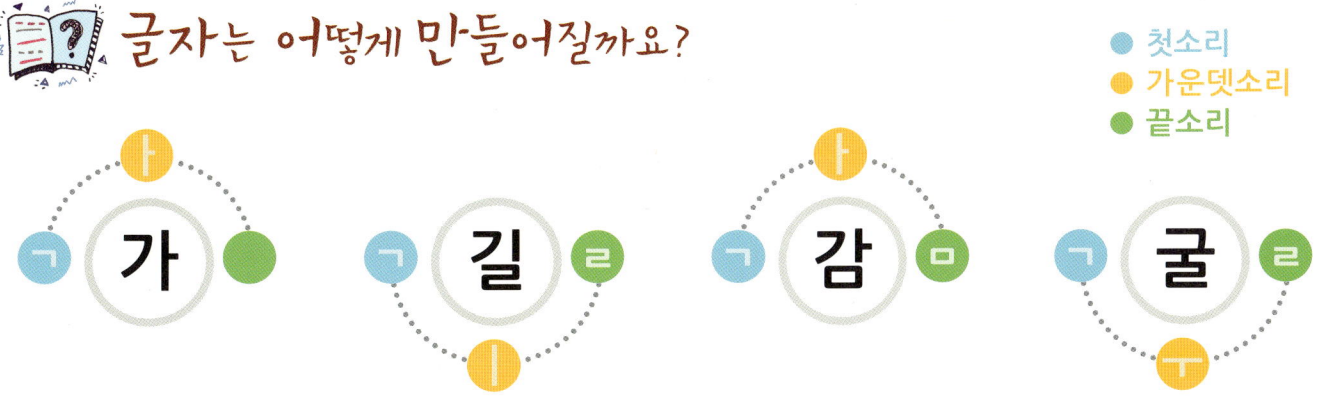

둘째 마당 65

2 꽃이 피었어요

보미와 누리가 꽃밭에 놀러 갔어요.
여러 가지 꽃들이 활짝 피었어요.
민들레꽃, 할미꽃, 목련꽃, 개나리…….
보미는 샛노란 개나리를 좋아해요.

◇ 꽃밭의 꽃들 중에서 여러분이 아는 꽃을 찾아보아요.
◇ 여러분이 가장 좋아하는 꽃은 무엇인가요?

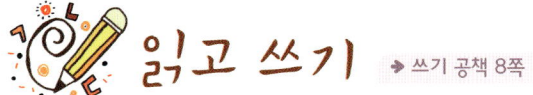
읽고 쓰기 → 쓰기 공책 8쪽

● 낱자를 읽고 써 보아요.

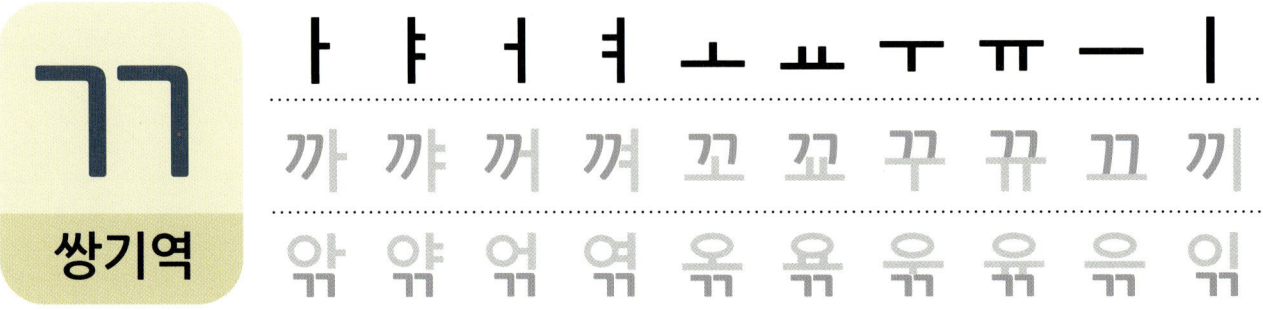

ㄲ 쌍기역	ㅏ ㅑ ㅓ ㅕ ㅗ ㅛ ㅜ ㅠ ㅡ ㅣ
	까 꺄 꺼 껴 꼬 꾜 꾸 뀨 끄 끼
	악 약 억 역 옥 욕 욱 육 윽 익

● 두 낱말의 서로 다른 점을 말해 보아요.

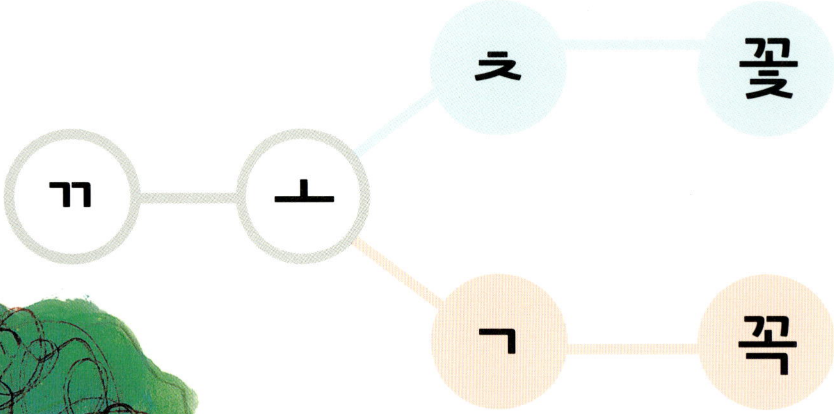

ㄲ — ㅗ — ㅊ — 꽃
         — ㄱ — 꼭

● 'ㄲ'이 들어 있는 낱말을 말해 보아요.

● 낱말을 읽고 써 보아요.

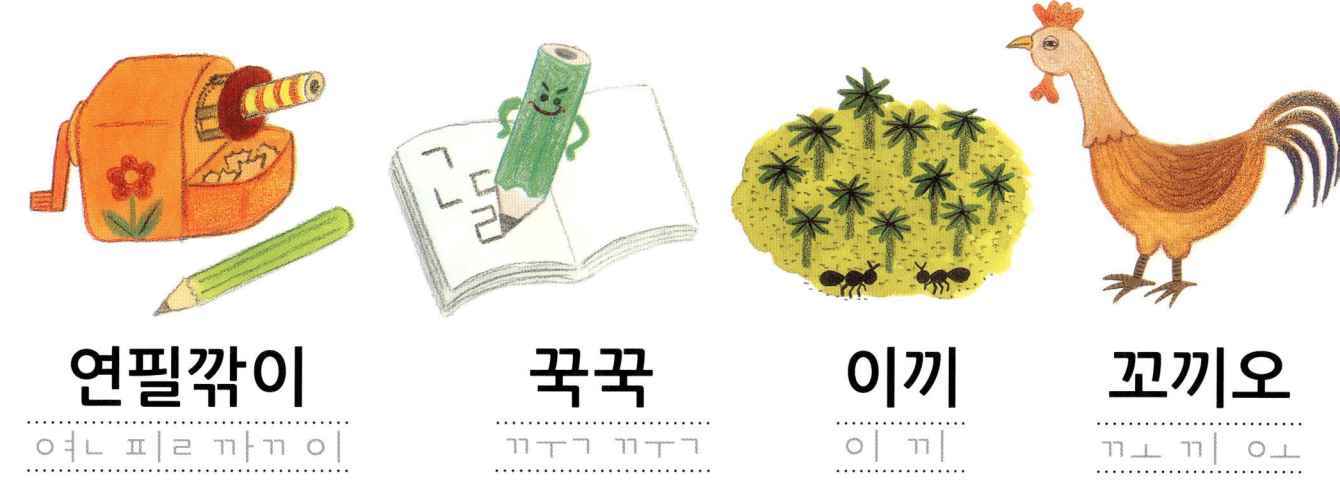

연필깎이	꾹꾹	이끼	꼬끼오
여ㄴ 피ㄹ 까ㄲ 이	ㄲㅜㄱ ㄲㅜㄱ	이 끼	ㄲㅗ 끼 오

● '꽃'이 들어 있는 낱말을 찾아보아요.

할미꽃

방울꽃

꽃

꽃길

꽃잎

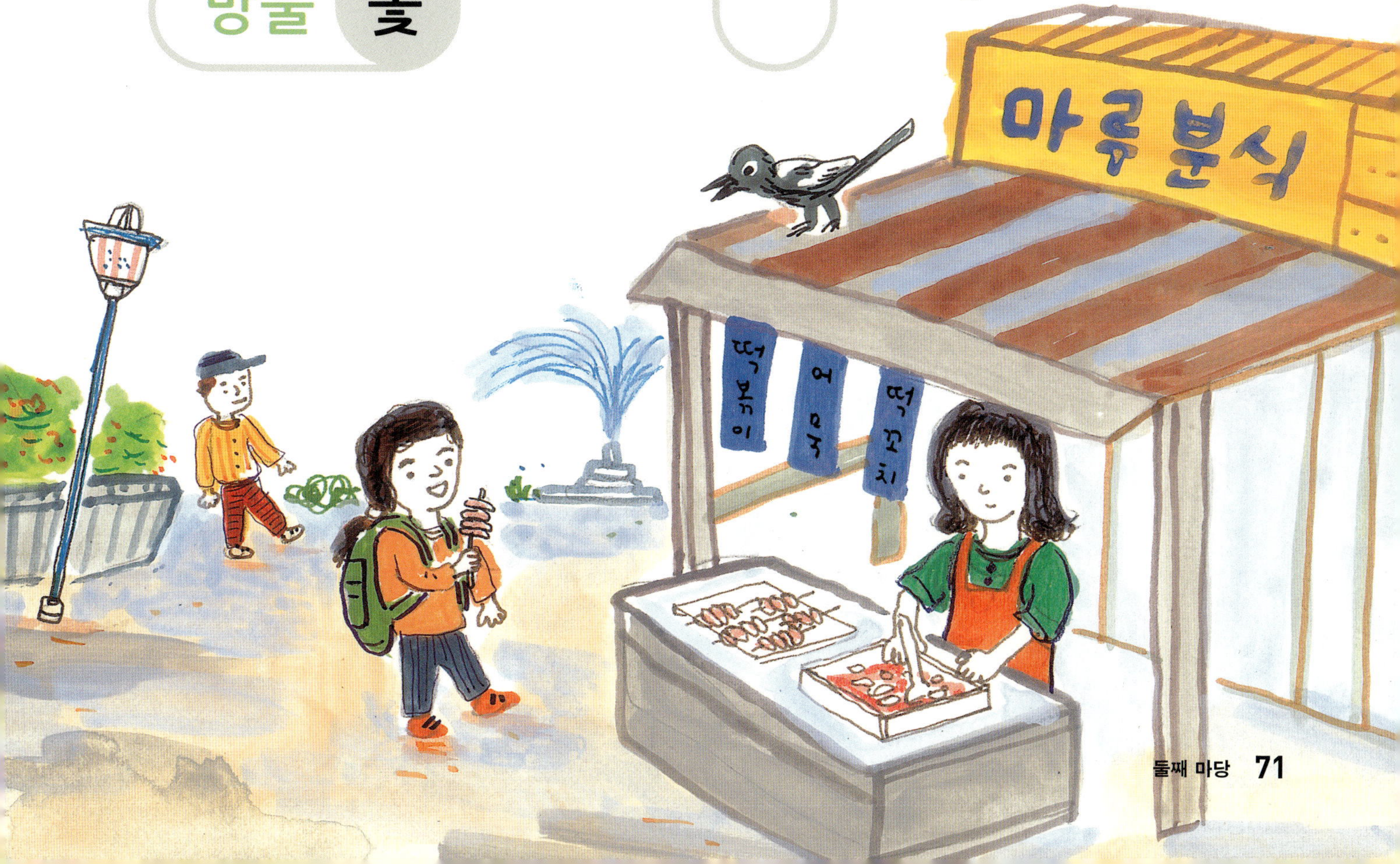

- 수수께끼를 알아맞혀 보아요.

훅 불면 대머리가 되는 꽃은?

해만 바라보는 꽃은?

- 문장을 만들어 보아요.

꽃이 ─┬─ 피었습니다.
　　　└─ 떨어졌습니다.

● 왜 '할미꽃'이라는 이름이 붙었을까요?

달이 뜨면 피는 꽃은?

노래 부를 때 필요한 꽃은?

 어떻게 소리 나는지 읽어 보아요.

끝소리가 ㅇ(이응)과 만나면 이어서 읽어요.

국 어   꽃 이   밤 을
[구 거]   [꼬 치]   [바 믈]

둘째 마당 **73**

 드러내기

● 꽃 모양에 어울리는 이름을 지어 보아요.

나팔꽃    붉은여우꼬리풀꽃    벌노랑이

● 꽃 이름을 바꾸어 '무궁화꽃이 피었습니다.' 놀이를 해 보아요.

3 눈으로 말해요

◇ 그림에 나타난 표정들을 흉내 내어 보아요.
◇ 빈 말풍선에 어떤 말이 들어가면 좋을지 말해 보아요.

기분이 너무 좋아!

읽고 쓰기 → 쓰기 공책 9쪽

• 낱자를 읽고 써 보아요.

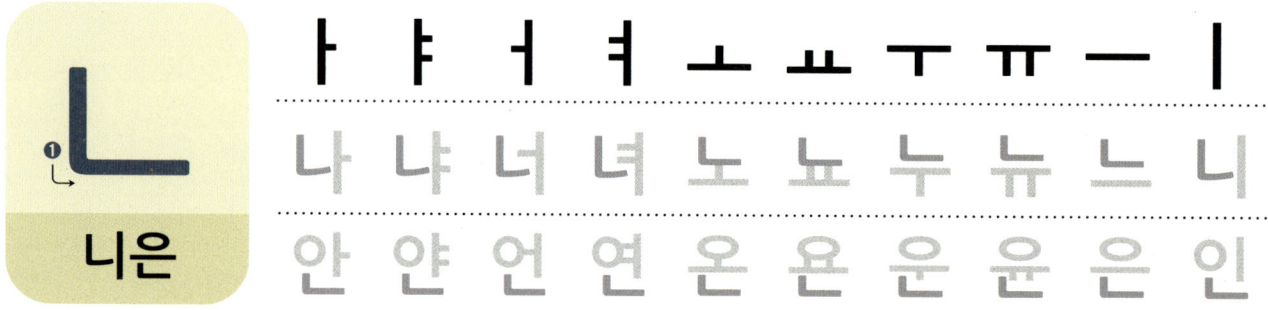

• 두 낱말의 서로 다른 점을 말해 보아요.

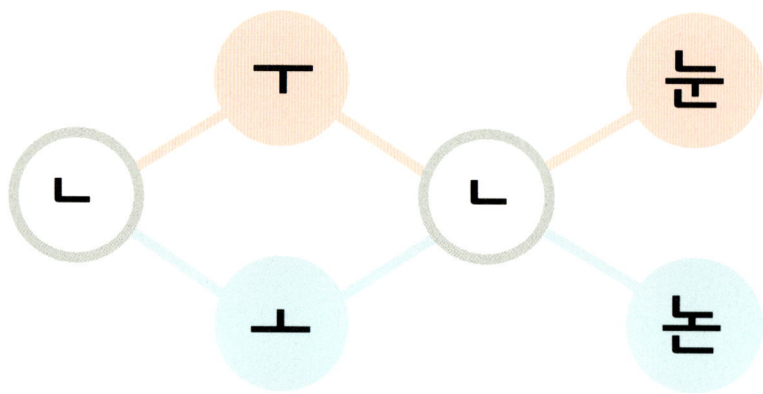

• 낱말을 읽고 써 보아요.

노래   운동화   군밤   안경

- 'ㄴ'이 들어 있는 낱말을 말해 보아요.

- '눈'이 들어 있는 낱말을 찾아보아요.

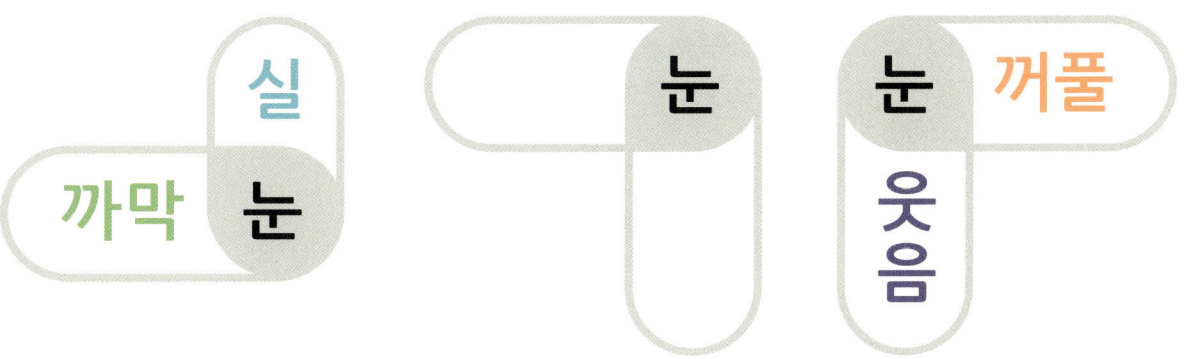

- '눈'에 딸린 여러 낱말을 알아보아요.

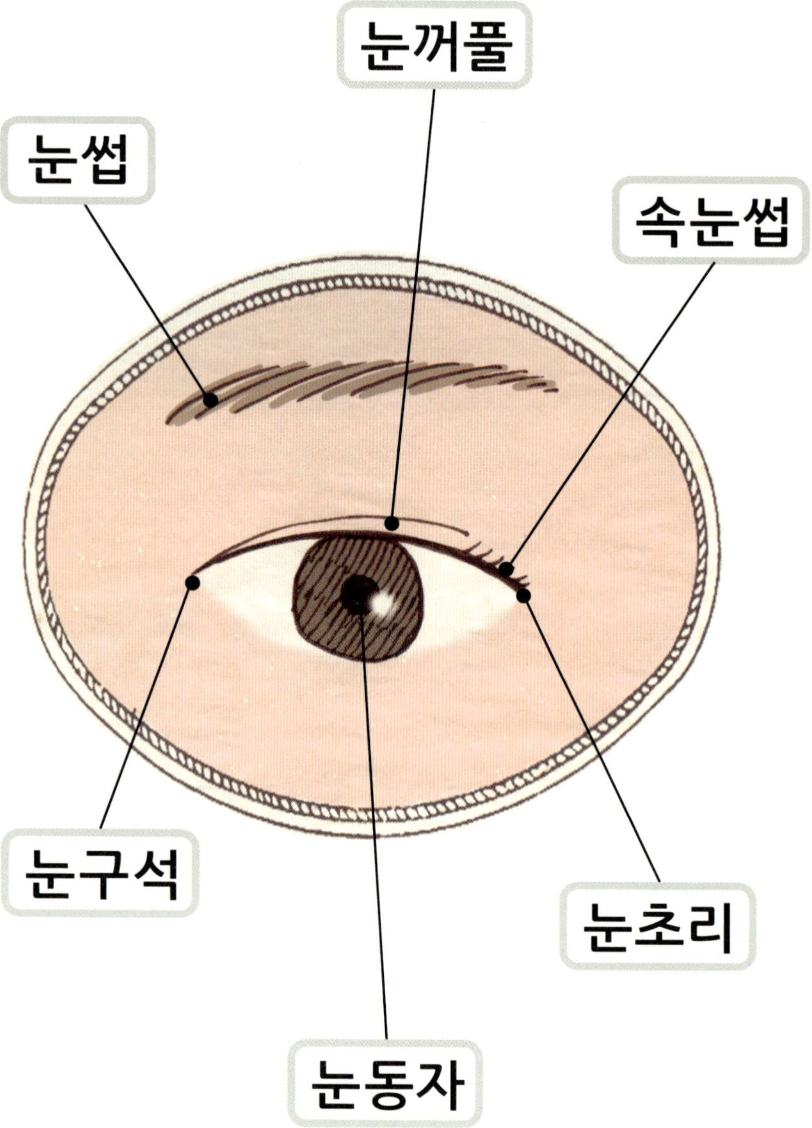

눈꺼풀
눈썹
속눈썹
눈구석
눈초리
눈동자

- 보미는 왜 울고 있을까요?

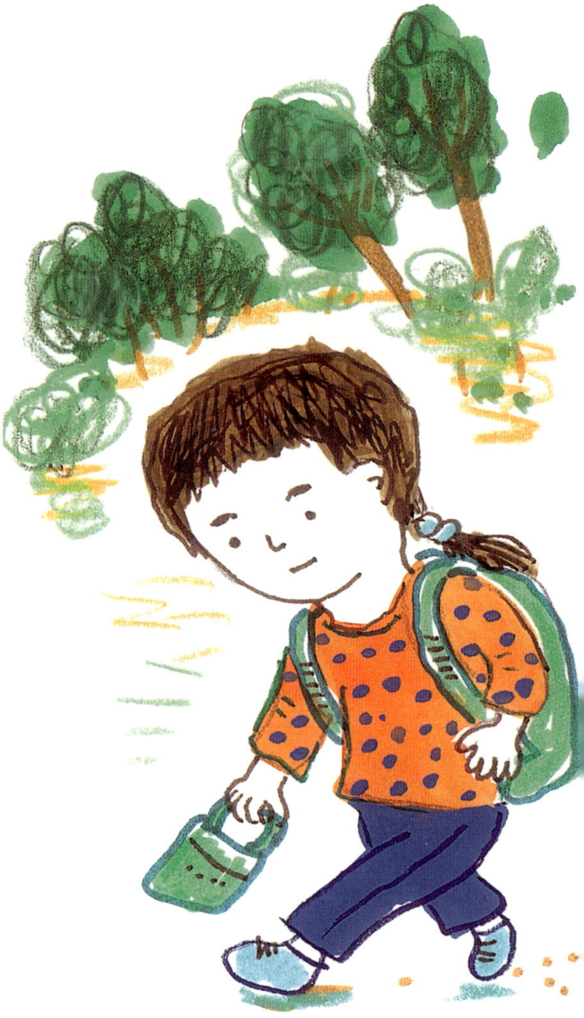

- 문장을 만들어 보아요.

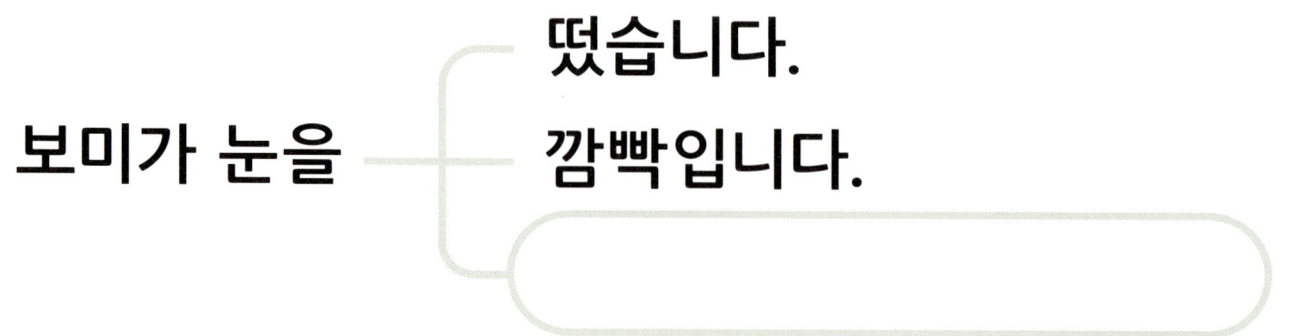

보미가 눈을 — 떴습니다.
            깜빡입니다.

 소리 나는 대로 써 보아요.

벌이　잎이　눈을
[버리]　[　　]　[　　]

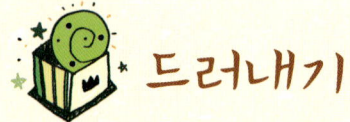 드러내기

- '눈 깜짝할 사이'는 무슨 뜻일까요?

- '눈 깜짝할 사이'에 할 수 있는 일은 무엇인가요?
- '눈도 깜짝하지 않는다.'라는 말은 무슨 뜻일까요?

● 여러분은 어떨 때 다음과 같은 표정을 짓나요?

★ 동무가 나를 놀릴 때

★ 다투었던 동무와 화해할 때

★ 병원에서 주사를 맞을 때

★ 선생님께 칭찬을 들을 때

4 달님, 들어주세요

둥글고 환한 보름달이 떴어요.
사람들이 소원을 빌어요.
보미와 누리도 소원을 빌어요.
무슨 소원을 빌었을까요?

◆ 사람들은 어떤 소원을 빌고 있을까요?
◆ 여러분은 달님에게 어떤 소원을 빌고 싶나요?

읽고 쓰기

➔ 쓰기 공책 10쪽

• 낱자를 읽고 써 보아요.

ㄷ (디귿)	ㅏ	ㅑ	ㅓ	ㅕ	ㅗ	ㅛ	ㅜ	ㅠ	ㅡ	ㅣ
	다	댜	더	뎌	도	듀	두	듀	드	디
	앋	얃	얻	엳	옫	욛	욷	윧	읃	읻

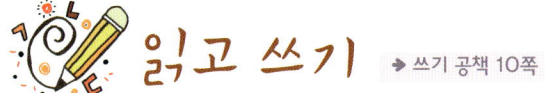

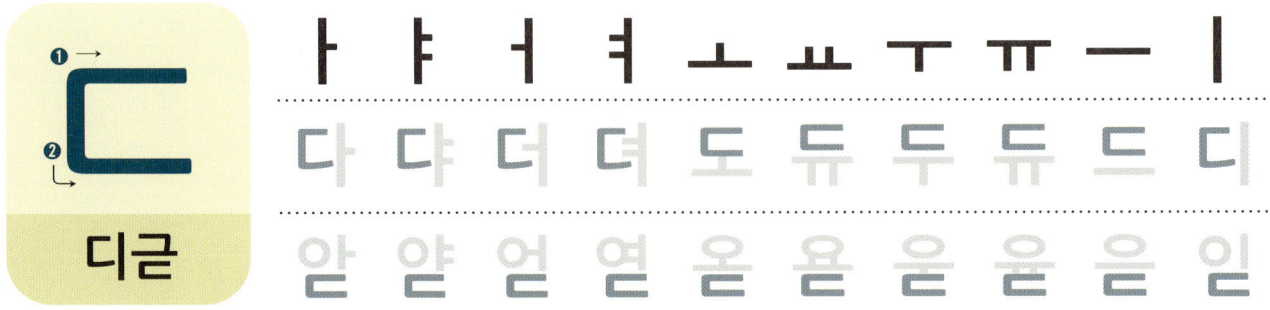

• 두 낱말의 서로 다른 점을 말해 보아요.

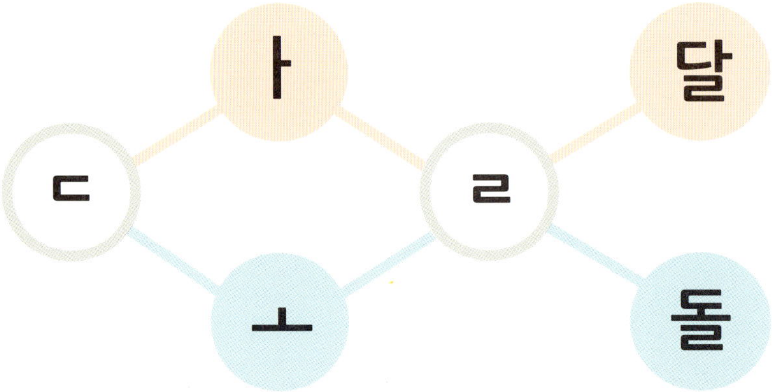

• 'ㄷ'이 들어 있는 낱말을 말해 보아요.

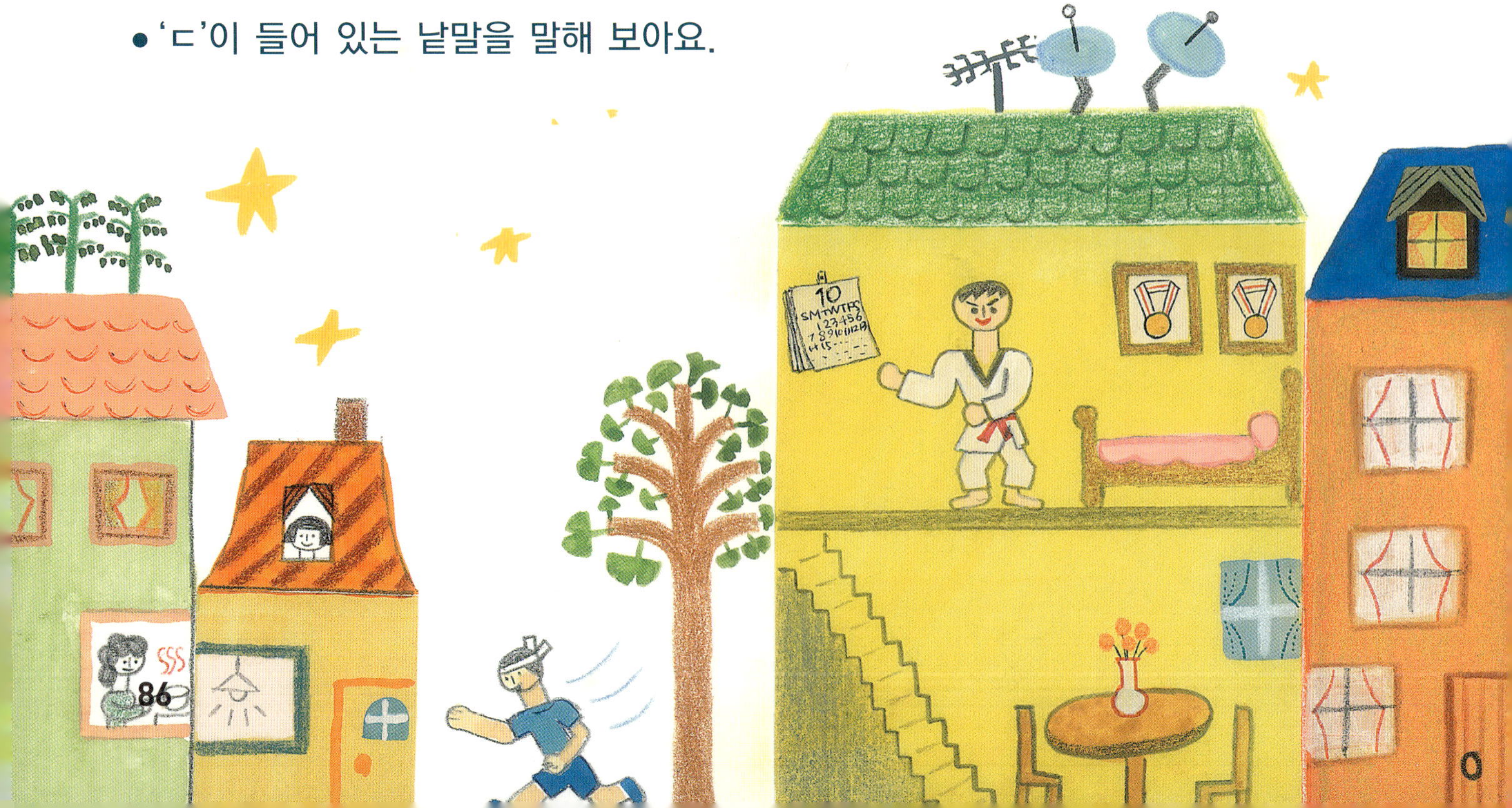

- 낱말을 읽고 써 보아요.

다리　　도마　　구두　　숟가락
다리　　도마　　구두　　ㅅㅜㄷ가락

- '달'이 들어 있는 낱말을 찾아보아요.

보름 달 낯
달
달 나라
달 동네

- 모양에 따라 달라지는 '달'의 이름을 알아보아요.

- 문장을 만들어 보아요.

달이 ─┬─ 둥그렇습니다.
　　　├─ 밝습니다.
　　　└─

• '달' 노래를 불러 보고, 빈칸에 다른 말을 넣어 보아요.

달 달 무슨 달 쟁반같이 둥근 달

어디 어디 떴나? 남산 위에 떴지.

달 달 무슨 달 ◯ 같이 둥근 달

어디 어디 떴나? ◯ 위에 떴지.

 선생님을 따라 읽어 보아요.

- 구름이 흘러가요.
- 사람들이 많아요.
- 놀이를 해요.

어떻게 소리 나는지 잘 들어 보세요.

드러내기

- 달력을 읽어 보아요.

* 일주일은 며칠인가요?

* 민서 생일은 무슨 요일인가요?

* 운동회 날은 며칠인가요?

* 빨간색 숫자는 무엇을 나타낼까요?

● 우리 집 달력을 꾸며 보아요.

 월

일	월	화	수	목	금	토

5 똥똥 귀한 똥

아이고, 똥 마려워.
머리카락이 쭈뼛쭈뼛
왕소름이 오돌토돌
똥구멍이 옴찔옴찔
주춤주춤 어기적어기적.

뿌지직 똥!

◇ **똥이 마려울 때의 느낌을 말해 보아요.**

똥 똥 무슨 똥?
된장 같은 된똥
돌 같은 강똥
뾰족한 고드름똥
찔끔찔끔 물찌똥

◇ '똥 똥 무슨 똥?'에 답하는 말을 만들어 보아요.

 읽고 쓰기

- 낱자를 읽고 써 보아요.

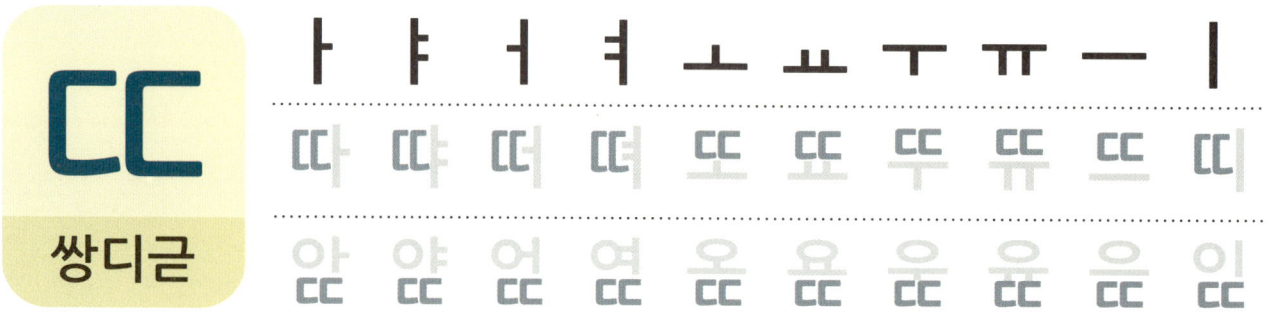

- 두 낱말의 서로 다른 점을 말해 보아요.

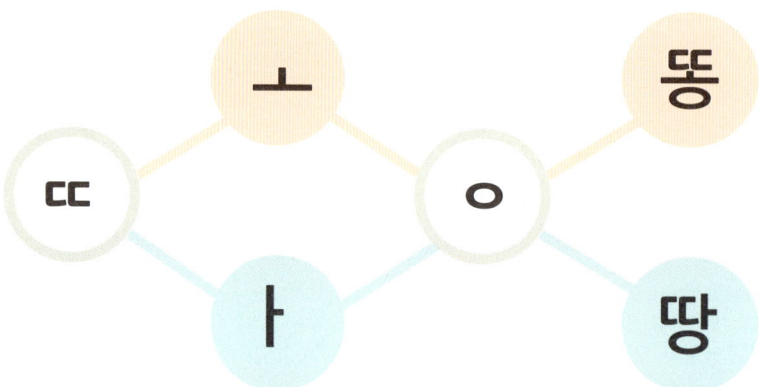

- 낱말을 읽고 써 보아요.

띠   떡국   뜸부기   오뚝이

- 'ㄸ'이 들어 있는 낱말을 말해 보아요.

딸

콩

개질

기

구리

꾹질

랑 랑

- '똥'이 들어 있는 낱말을 찾아보아요.

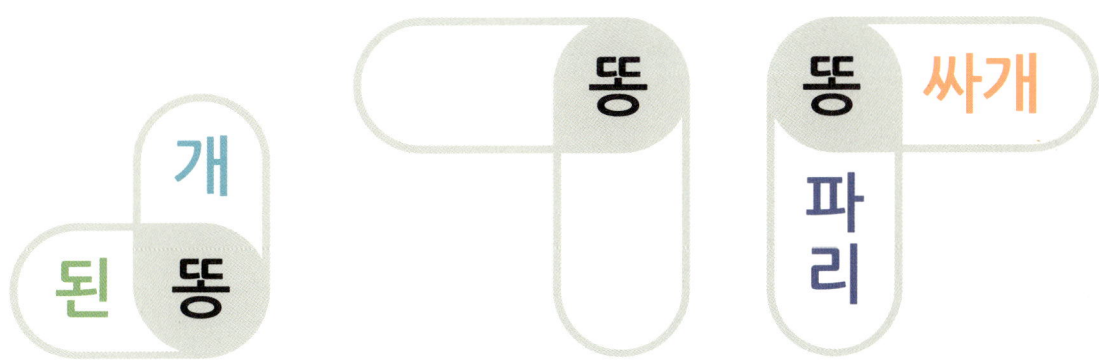

된 똥 개

똥

똥 싸개
파리

• 흉내 내는 말을 알아보아요.

엿 장수 똥구멍은 찐득찐득

두부 장수 똥구멍은 뭉실뭉실

참기름 장수 똥구멍은 매끈매끈

• 문장을 만들어 보아요.

보미가 똥을 ┌ 닦습니다.
           └ 눕니다.

옹기 장수 똥구멍은 반질반질

소금 장수 똥구멍은 ☐

임자말은 무엇일까요?

이 당근의 임자가 누구니?

내가 임자야!
아니야, 내가 임자야!
내가 임자야!

누리가 달립니다   보미가 웃습니다

임자말

문장에서 임자(주인)가 되는 말을 임자말이라고 해요.

둘째 마당 **97**

 드러내기

- 내 똥은 어디로 갈까요?

옛날

1 똥통에 똥을 모아요.

2 똥통이 차면 똥바가지로 똥을 퍼요.

3 퍼낸 똥을 거름 무지에 부어요. 소똥, 개똥, 음식 찌꺼기도 한데 모아서 푹 삭혀요.

4 잘 삭은 거름을 보리밭에 뿌려요.

5 보리가 똥거름을 먹고 잘 자랐어요.

6 냠냠 맛있다.

오늘날

1 양변기에 똥을 누면 관을 따라 내려가서 큰 통에 모여요.

2 큰 통에 똥이 차면 똥차가 와서 퍼 가요.

3 똥차들이 똥을 한곳에 갖다 부어요.

5 똥 속에 섞여 있는 쓰레기를 걸러 내요.

6 찌꺼기에 남은 물기를 마저 짜내요.

4 물은 버리고 똥 찌꺼기는 보름쯤 썩혀요.

7 찌꺼기를 먼 바다에 버리거나, 태우거나, 땅 속에 묻어요.

● 똥을 처리할 수 있는 좋은 방법을 생각해 보아요.

6 ㄹ이 사라졌어요

보미가 길을 가다가 ㄹ을 만났어요.
둘이서 '리리릿자로 끝나는 말' 놀이를 했어요.
그런데 자꾸만 ㄹ이 보미를 이겨요.
화가 난 보미는 ㄹ에게 소리쳤어요.
"리을! 저리 가 버려!"
그러자 ㄹ이 정말 사라졌어요.

◇ 'ㄹ'이 사라진 후 보미에게 무슨 일이 일어났는지 말해 보아요.
◇ '리리릿자로 끝나는 말' 놀이를 해 보아요.

읽고 쓰기

• 낱자를 읽고 써 보아요.

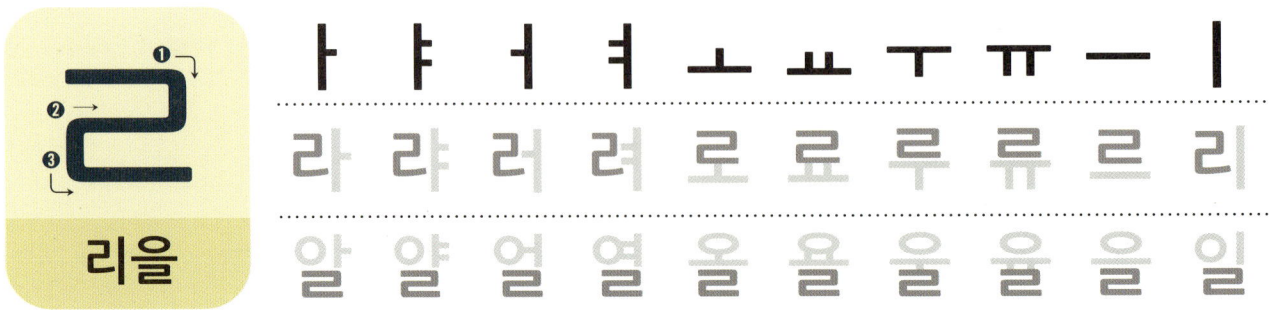

• 두 낱말의 서로 다른 점을 말해 보아요.

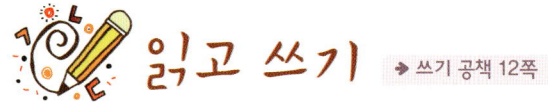

• 낱말을 읽고 써 보아요.

달걀　　리본　　얼굴　　어린이

● 'ㄹ'이 들어 있는 낱말을 말해 보아요.

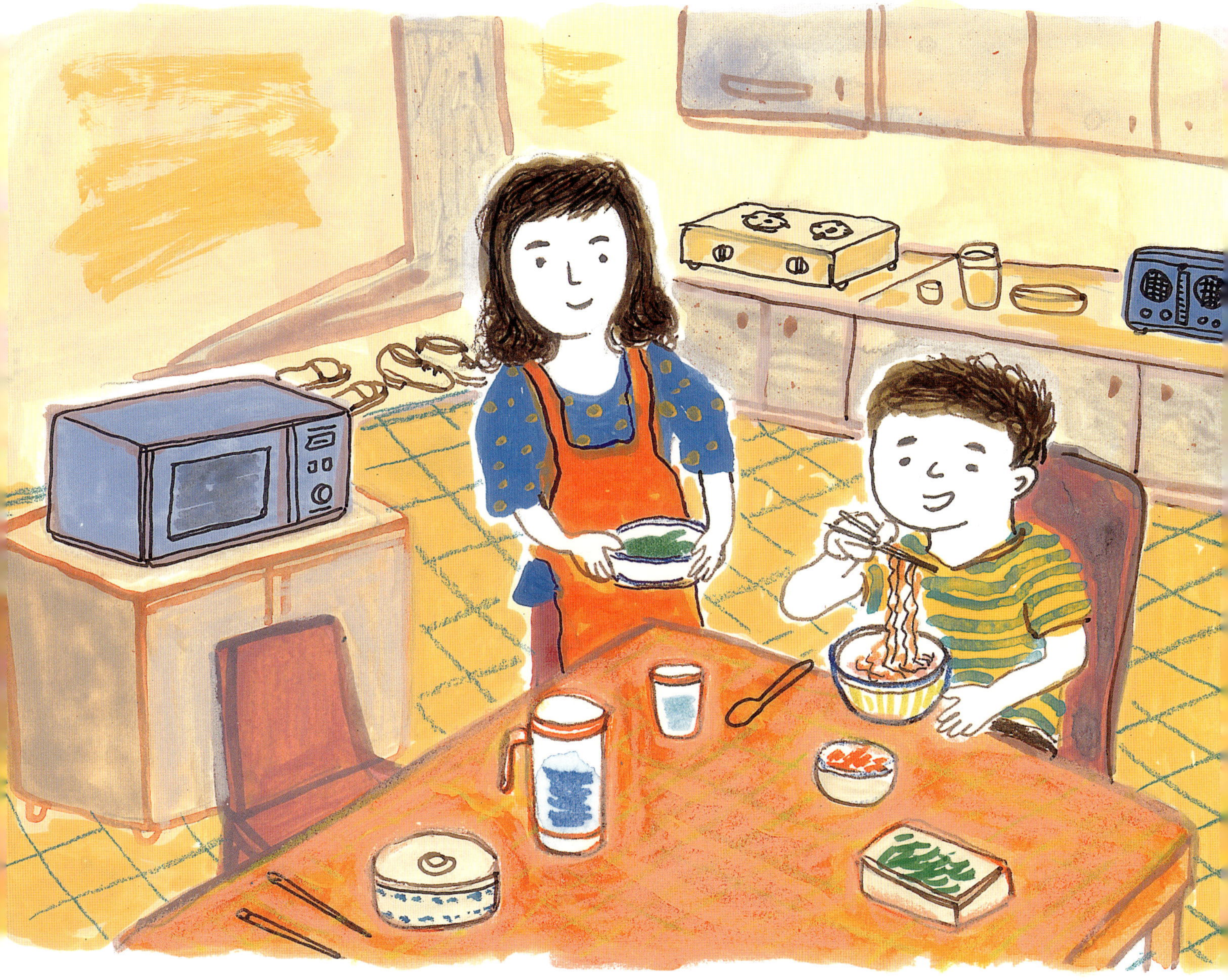

● 'ㄹ' 받침이 한 글자인 낱말을 찾아보아요.

● 'ㄹ'이 들어 있는 여러 낱말을 알아보아요.

갈매기, 말, 고릴라, 코끼리, 동물
구름, 빗방울, 바람, 날씨
눈, 손, 입술, 발, 우리몸
색깔, 초록, 빨강, 노랑, 보라

● 문장을 만들어 보아요.

보미가 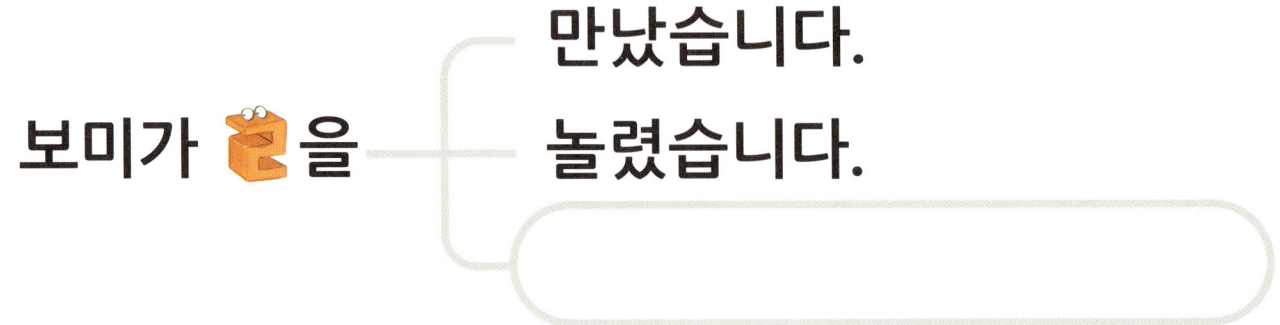을 ┌ 만났습니다.
           └ 놀렸습니다.

- 이름에 'ㄹ'이 들어 있는 과일을 그리고, 특징을 말해 보아요.

이 과일의 이름은 ⬚ 입니다.

맛	크기	냄새	색깔

 임자말을 써 보아요.

⬚ 헤엄칩니다.   ⬚ 달립니다.

 드러내기

● 'ㄹ'이 들어 있는 흉내 내는 말을 찾아보아요.

대롱대롱 매달린 나뭇잎, 팔랑팔랑 떨어질 것 같아요.

구름이 둥실둥실

노발대발 화가 난 놀부 아저씨

나풀나풀! 예쁜 나비

꼬불꼬불 쫄깃쫄깃 맛있는 라면

아, 졸려! 쿨쿨

냇물이 돌돌돌 졸졸졸 흘러요.

꼬물꼬물 물고기들아

● 'ㄹ'이 들어간 흉내 내는 말을 소리 내어 읽어 보아요.

• 그림을 보고, 보기 의 흉내 내는 말을 넣어 짧은 글을 써 보아요.

> 보기
> 싱글벙글　　노릇노릇　　솔솔　　살랑살랑　　훨훨

할아버지가
싱글벙글 웃으셨다.

셋째 마당

1 문을 열어요
2 비 오는 날
3 뿔이 생겼어요
4 재주 많은 손
5 쌀밥 보리밥
6 톡 톡, 무슨 알일까?

1 문을 열어요

어느 날 임금님 딸이 사라져 버렸어.
땅속나라 도둑귀신이 잡아갔다는 거야.
임금님은 사람들을 시켜 딸을 찾게 했지.

도둑귀신 집에는 문이 세 개 있어.
문마다 개들이 지키고 있다는 거야.
첫 번째 문을 지키는 개는 백일 동안 굶었대.
두 번째 문을 지키는 개는 백일 동안 잠을 못 잤대.
마지막 문을 지키는 개는 백일 동안
아무도 못 만나 심심했대.

◆ **어떻게 해야 개들이 지키는 문을 지날 수 있을까요?**

읽고 쓰기 ➜ 쓰기 공책 13쪽

- 낱자를 읽고 써 보아요.

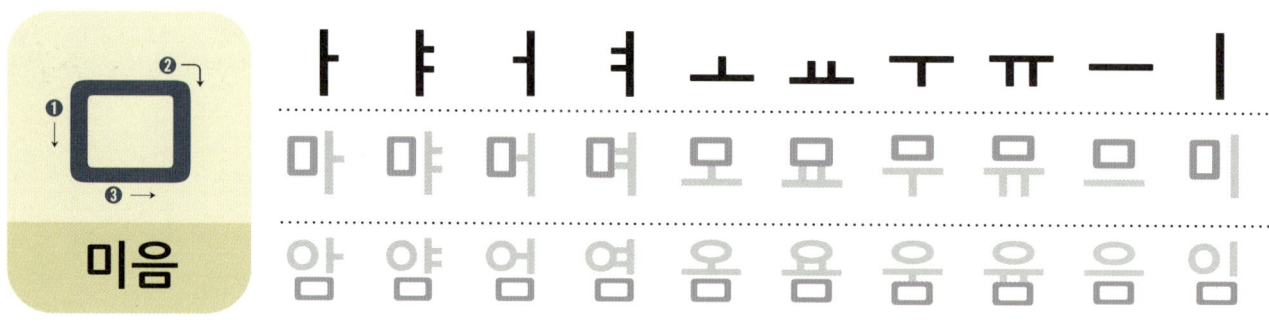

ㅏ	ㅑ	ㅓ	ㅕ	ㅗ	ㅛ	ㅜ	ㅠ	ㅡ	ㅣ
마	먀	머	며	모	묘	무	뮤	므	미
암	얌	엄	염	옴	욤	움	윰	음	임

미음

- 낱말을 읽고 써 보아요.

가마   다리미   말   모락모락

- 그림을 보고, 'ㅁ'이 들어 있는 낱말을 말해 보아요.

엄   가르

112

- 두 낱말의 서로 다른 점을 말해 보아요.

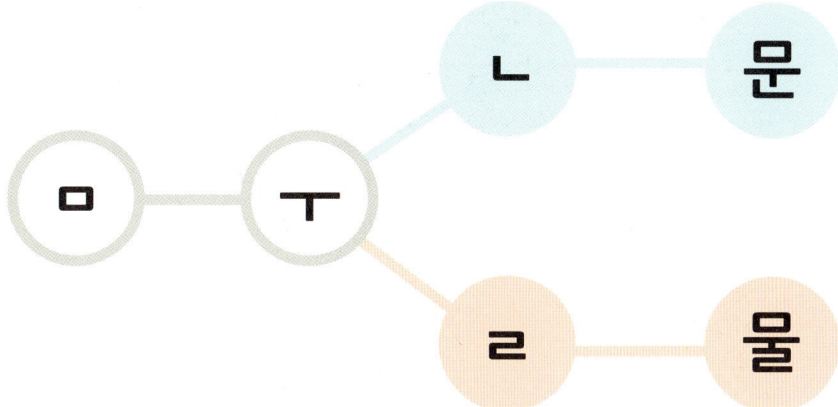

- '문'이 들어 있는 낱말을 찾아보아요.

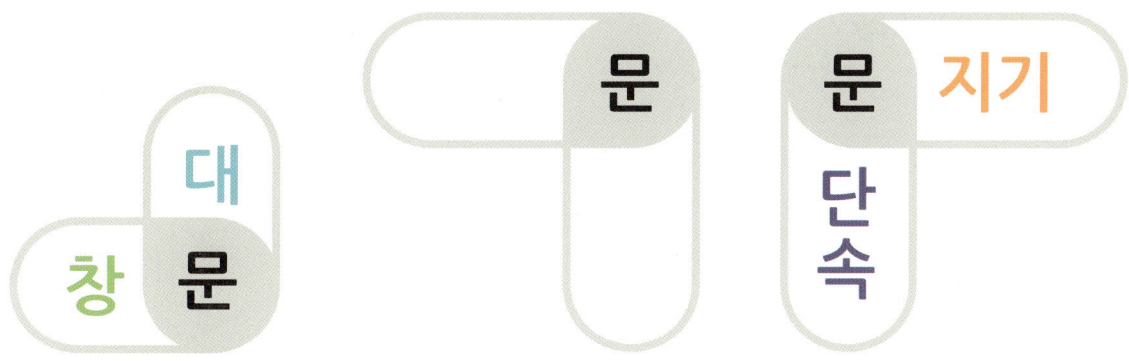

- '문'에 딸린 낱말을 알아보아요.

문고리

문짝

문머리

문틀

- 문장을 만들어 보아요.

누리가　작은　네모난　문을 엽니다.

- 그림의 차례대로 이야기를 지어 보아요.

풀이말은 무엇일까요?

문장에서 임자말의 움직임이나 상태를 드러내는 말을 풀이말이라고 해요.

누리가 공부합니다. 누리가 잡니다.

풀이말

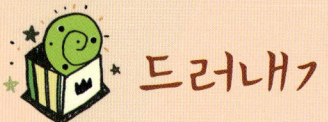 드러내기

- 문지기 카드와 열쇠 카드를 자세히 살펴보아요.

문지기

돌돌이
힘이 아주 세다.
수수께끼 놀이를 좋아하지만
머리가 나쁘다.

열쇠

박사님
어려운 수수께끼를 내어
상대방을 꼼짝 못 하게 할 수 있다.

문지기

쌩쌩이
달리기를 아주 잘한다.
노랫소리를 들으면 사라진다.

- 문지기 카드를 이길 수 있는 열쇠 카드를 만들어 보아요.
  - 왜 이름을 '박사님'이라고 지었을까요?
  - 박사님이 돌돌이를 이길 수 있을까요?

- 동무들과 함께 문지기-열쇠 카드를 만들어 놀이를 해 보아요.

1. 종이를 직사각형의 같은 크기로 잘라.
2. 두 장씩 나눠 가져.
3. 각자가 만들고 싶은 문지기-열쇠 카드를 만들어.
4. 서로 짝인 걸 알 수 있도록 표시를 해 두면 더 좋아.

1. 6명 정도 모이면 재미있게 놀기 좋아.

2. 문지기 카드는 문지기 카드끼리, 열쇠 카드는 열쇠 카드끼리 모아.

열쇠

아름다운 노래를
하루 종일 부를 수 있다.

문지기

징징이

머리가 아주 좋다.
깜짝 놀라게 하면
멀리 도망간다.

열쇠

 →   →   →

3. 카드를 뒤집은 뒤섞어서
흩어 놓아. 문지기 카드와
열쇠 카드가 섞이지 않도록
해야 해.

4. 가위바위보로 차례를
정하고 나서 차례대로
돌아가며 문지기 카드
한 장과 열쇠 카드 한 장씩을
뒤집어.

5. 짝이 맞는 문지기 카드와
열쇠 카드가 나오면 가져갈
수 있어. 짝이 맞지 않으면
다시 뒤집어서 섞어 놓아야 해.

6. 카드를 가장 많이
모으는 사람이 이겨.

셋째 마당 **117**

2 비 오는 날

날짜	월 일 요일	날씨	☀ ☁ ☂ ☃
일어난 시간	시 분	잠든 시간	시 분

집에 오는데, 비가 많이 왔다. 바람도 많이 불었다. 하지만 비가 와서 재미있었다. 내일도 비가 왔으면 좋겠다.

◇ 비 오는 날 겪은 일을 동무들에게 이야기해 보아요.

읽고 쓰기

● 낱자를 읽고 써 보아요.

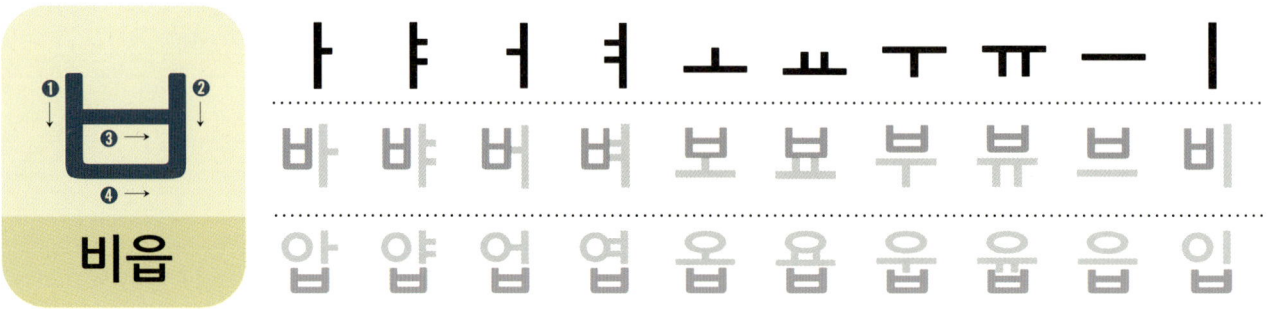

● 두 낱말의 서로 다른 점을 말해 보아요.

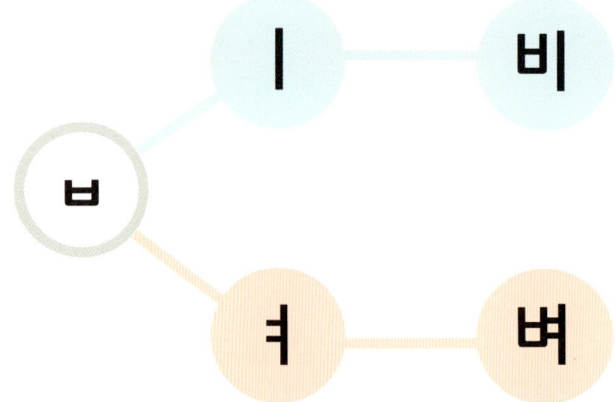

● 낱말을 읽고 써 보아요.

바람 　 밥 　 일곱 　 비둘기

- 'ㅂ'이 들어 있는 낱말을 말해 보아요.

- '비'가 들어 있는 낱말을 찾아보아요.

안개
소낙비
비
비옷
구름

셋째 마당 121

• 수수께끼를 알아맞혀 보아요.

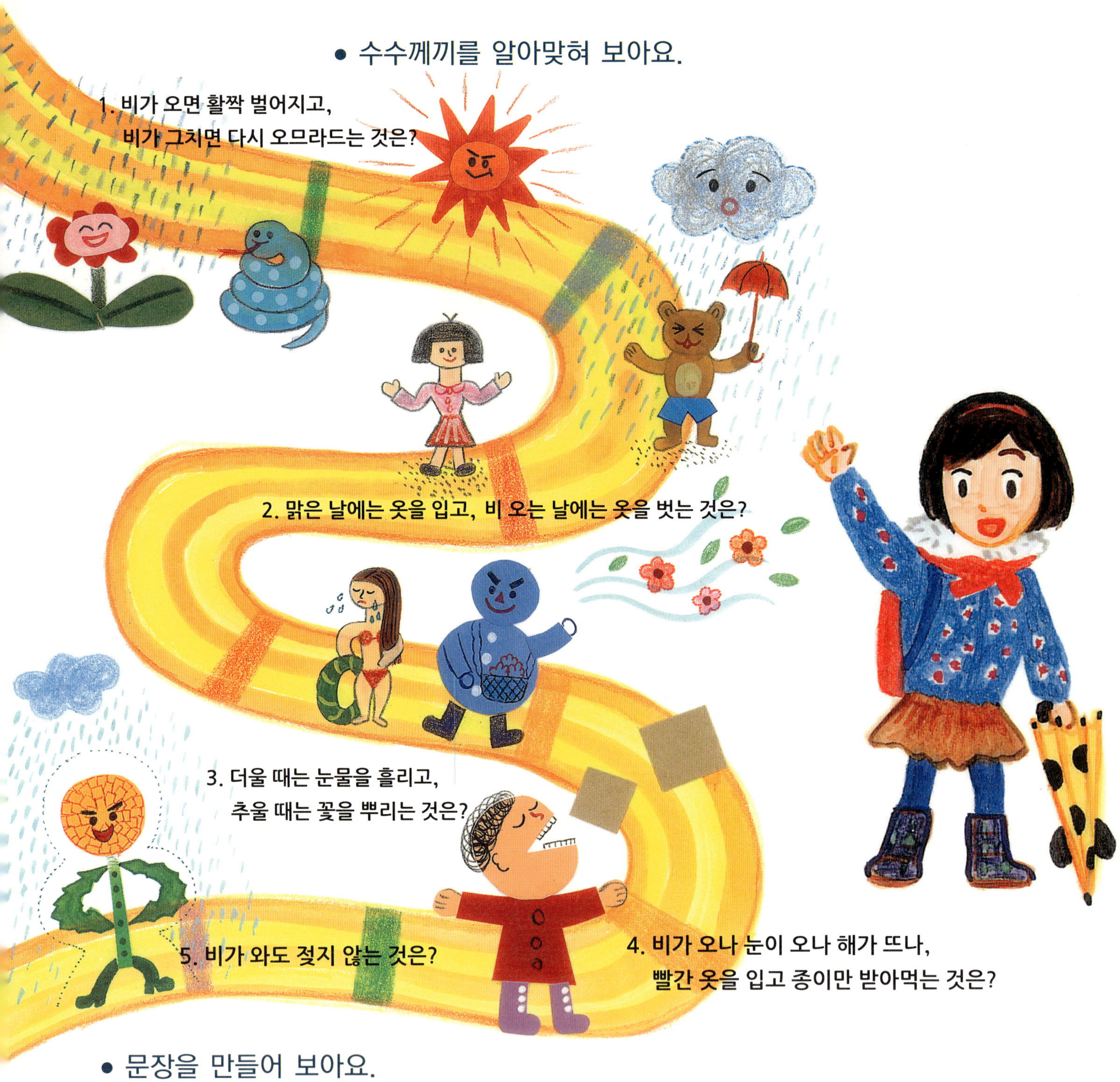

1. 비가 오면 활짝 벌어지고, 비가 그치면 다시 오므라드는 것은?

2. 맑은 날에는 옷을 입고, 비 오는 날에는 옷을 벗는 것은?

3. 더울 때는 눈물을 흘리고, 추울 때는 꽃을 뿌리는 것은?

5. 비가 와도 젖지 않는 것은?

4. 비가 오나 눈이 오나 해가 뜨나, 빨간 옷을 입고 종이만 받아먹는 것은?

• 문장을 만들어 보아요.

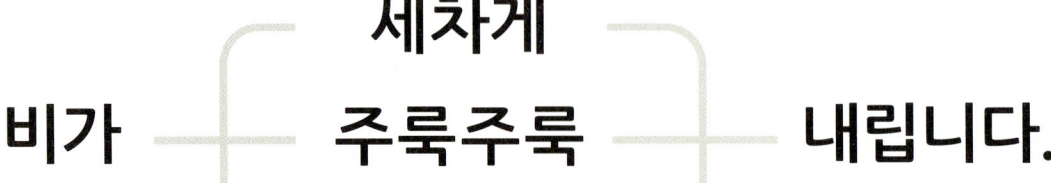

정답
1. 우산 2. 빨랫줄 3. 곡 4. 우체통 5. 양기

- 집에 오는 동안 보미에게 어떤 일이 일어났을까요?

풀이말을 써 보아요.

새들이

해바라기가

3 뿔이 생겼어요

◆ 머리에 뿔이 생기면 무슨 일이 벌어질까요?

셋째 마당 127

읽고 쓰기 → 쓰기 공책 15쪽

- 낱자를 읽고 써 보아요.

ㅃ 쌍비읍

ㅏ	ㅑ	ㅓ	ㅕ	ㅗ	ㅛ	ㅜ	ㅠ	ㅡ	ㅣ
빠	뺘	뻐	뼈	뽀	뾰	뿌	쀼	쁘	삐
압	얍	업	엽	옵	욥	웁	윱	읍	입

- 'ㅃ'이 들어 있는 낱말을 거쳐서 '아빠'를 찾아가 보아요.

- 두 낱말의 서로 다른 점을 말해 보아요.

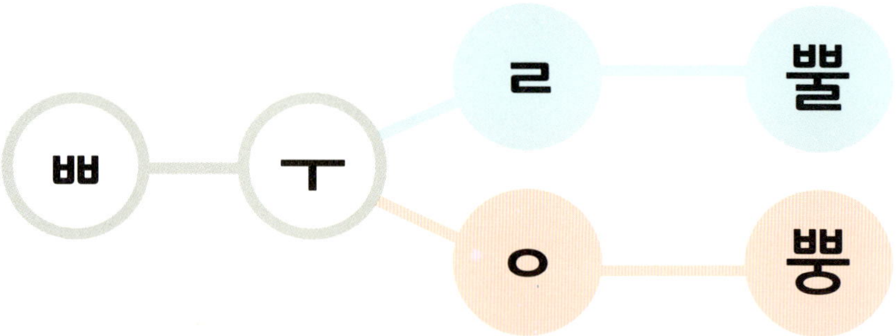

ㅃ — ㅜ — ㄹ — 뿔
ㅃ — ㅜ — ㅇ — 뿡

- 낱말을 읽고 써 보아요.

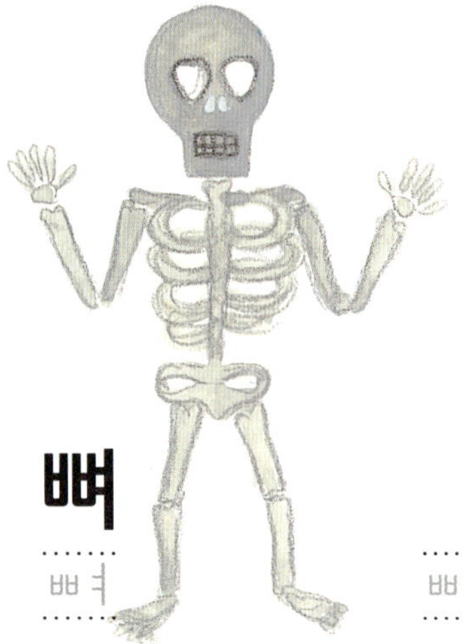

뼈 — 뼈
뻐끔뻐끔 — 뻐 ㄲㅡㅁ 뻐 ㄲㅡㅁ
뻐꾸기 — 뻐 ㄲㅜ 기 
뺨 — 뺘ㅁ

● '뿔'이 들어 있는 낱말을 찾아보아요.

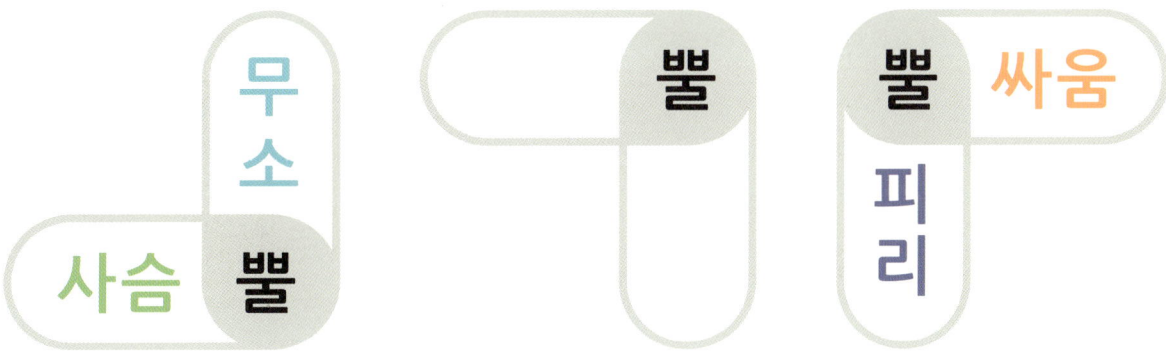

무소
사슴뿔
뿔
뿔싸움
피리

- 꼬리따기 놀이를 해 보아요.

뿔은 뾰족해

뾰족한 건 바늘

- 문장을 만들어 보아요.

보미에게 — 작은 / 뾰족한 / ◯ — 뿔이 났습니다.

이름씨는 무엇일까요?

 보미
 연필
 고양이
 누리

바늘은 가늘어

털실은

가는 것은 털실

- 보미의 머리에 왜 뿔이 났을까요?

가위   오리

사람이나 물건, 동물 이름을 나타내는 말을 이름씨라고 해요.

 드러내기

- 어울리는 이름을 지어 보아요.

내 머리에는 긴 뿔이 나 있습니다.
몸은 눈처럼 하얀 긴 털로 덮여 있고,
꼬리에는 팔랑거리는 날개가 달려 있습니다.
나는 넓은 들판에서 풀과 꽃잎을 먹고 삽니다.
내 이름은 　　　　　　 입니다.

- 그림 속 상상의 동물을 보고 말해 보아요.

  ◦ 어떻게 생겼나요?
  ◦ 어디에서 살까요?
  ◦ 무엇을 먹고 살까요?
  ◦ 어떤 이름이 어울릴까요?

• 빈칸에 넣을 낱말을 아래에서 골라 상상의 동물을 만들어 보아요.

> 길다 뚱뚱하다 뾰족하다 가늘다 길쭉하다
> 갸름하다 날렵하다 작다 크다 납작하다 세모나다
> 동글동글하다 동글납작하다 두껍다 네모나다

내 날개는
내 다리는
내 얼굴은
내 뿔은

• 여러분이 만든 상상의 동물을 그려 보아요.

4 재주 많은 손

◇ 하루 동안 보미의 손은 무슨 일을 하였나요?
◇ 손으로 할 수 있는 일들을 말해 보아요.

읽고 쓰기 ➜ 쓰기 공책 16쪽

- 낱자를 읽고 써 보아요.

시옷

ㅏ ㅑ ㅓ ㅕ ㅗ ㅛ ㅜ ㅠ ㅡ ㅣ
사 샤 서 셔 소 쇼 수 슈 스 시
앗 얏 엇 엿 옷 욧 웃 윳 읏 잇

- 'ㅅ'이 들어 있는 낱말을 만들어 보아요.

편 방 가 라 무
사 나 시 차
송 소 옷
락 박 물

- 낱말을 읽고 써 보아요.

수박
ㅅㅜㅂㅏㄱ

사다리
ㅅㅏㄷㅏㄹㅣ

실룩실룩
ㅅㅣㄹㄹㅜㄱㅅㅣㄹㄹㅜㄱ

버섯
ㅂㅓㅅㅓㅅ

• 손그림자를 보고 차례대로 이야기를 만들어 보아요.

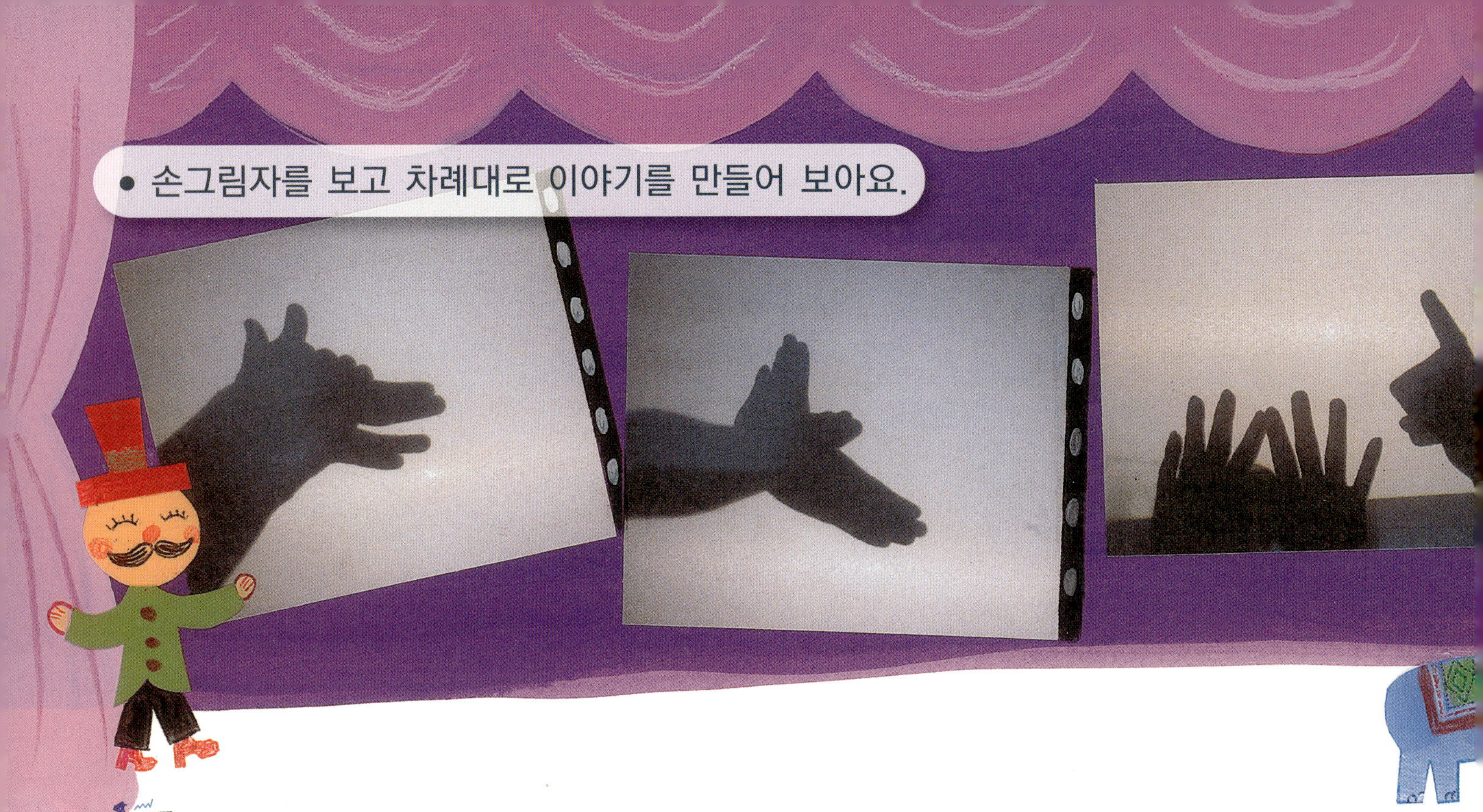

이름씨를 찾아보아요.

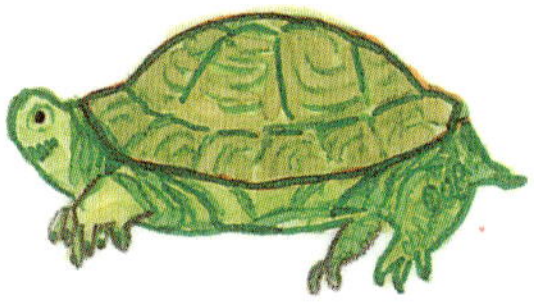

거북이

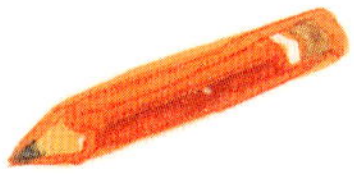

연필

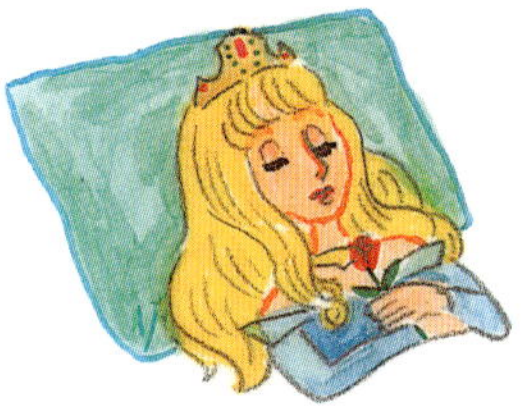

자다

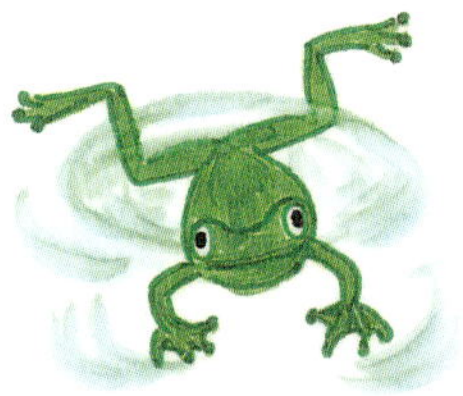

헤엄치다

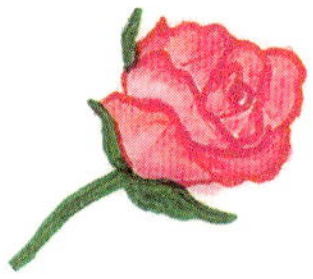

예쁘다

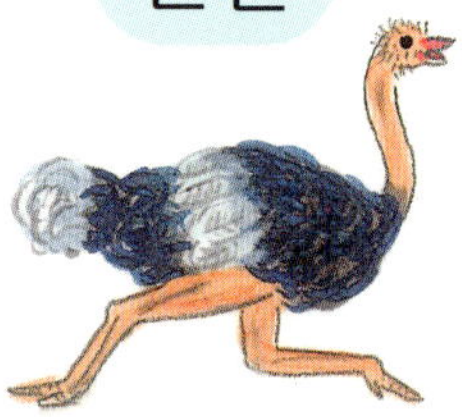

달리다

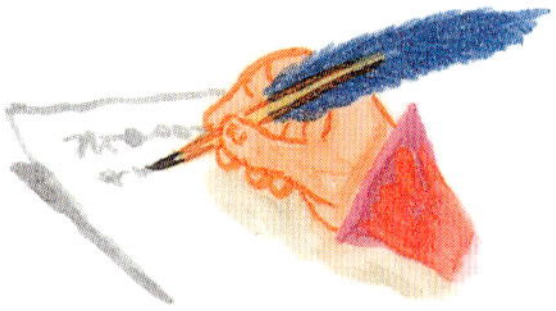

쓰다

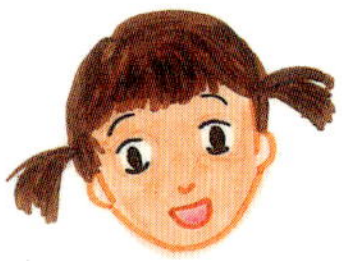

보미

• 문장을 만들어 보아요.

보미가 — 더러운 / 하얀 / (　　　) — 손을 내밀었습니다.

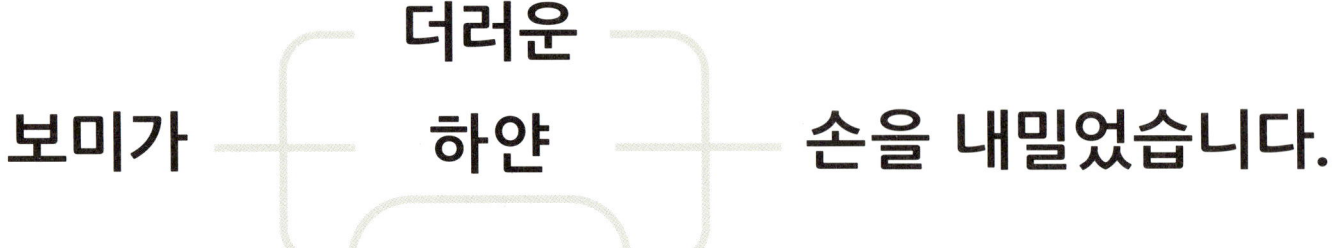

● '손'에 딸린 낱말을 알아보아요.

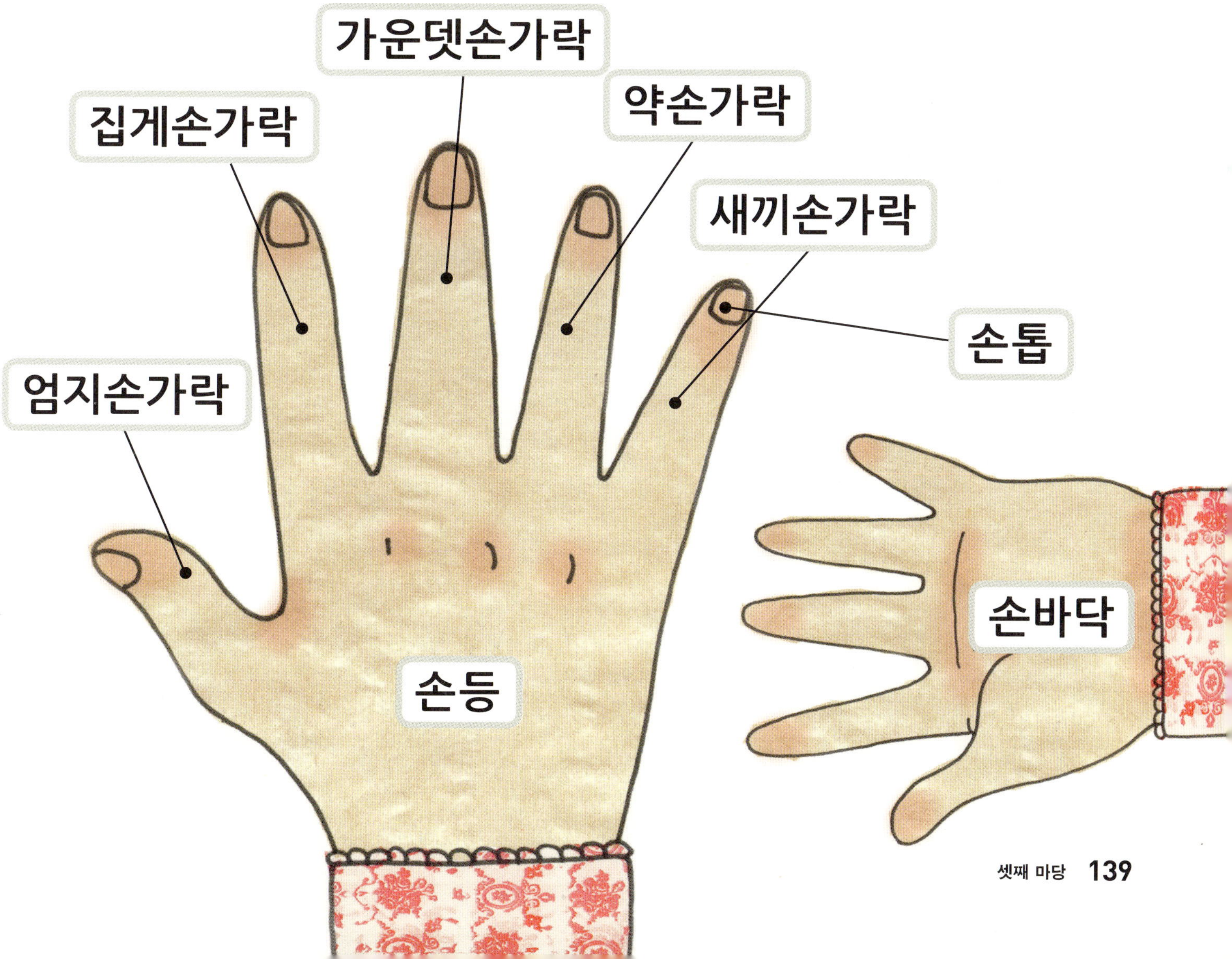

가운뎃손가락
집게손가락
약손가락
새끼손가락
손톱
엄지손가락
손등
손바닥

셋째 마당 139

드러내기

- 손짓말을 배워 보아요.

- 손으로 읽을 수 있어요.

앞을 보지 못하는 사람들을 위해 만들어진 문자를 '점자'라고 해요. '점을 찍어 만든 글자'라는 뜻이지요. 점자는 손으로 만져서 읽어요. 그러나 한글의 모양대로 점을 찍은 것은 아니에요. 점자는 작고 둥근 6개의 점이 한 덩어리가 되어 글자를 이루는데, 이 6개의 점 중에서 어떤 것을 튀어나오도록 하는지에 따라 글자가 달라져요. 점자는 지하철 안내도나 엘리베이터 단추 등에서 쉽게 찾을 수 있어요.

● 손짓말로 노래를 불러 보아요.

셋째 마당 141

5 쌀밥 보리밥

누리가 아빠와 '쌀밥 보리밥' 놀이를 해요.
가위바위보를 해서 아빠가 졌어요.
"보리밥, 보리밥, 보리밥……."
"쌀밥!"
누리는 아빠의 커다란 손에 잡힐 뻔했어요.

◇ **동무들과 '쌀밥 보리밥' 놀이를 해 보아요.**

 읽고 쓰기 → 쓰기 공책 17쪽

- 낱자를 읽고 써 보아요.

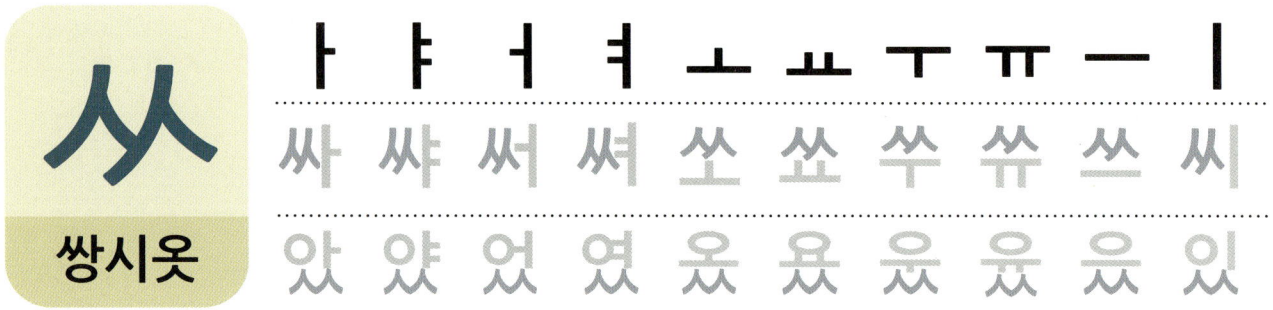

- 두 낱말의 서로 다른 점을 말해 보아요.

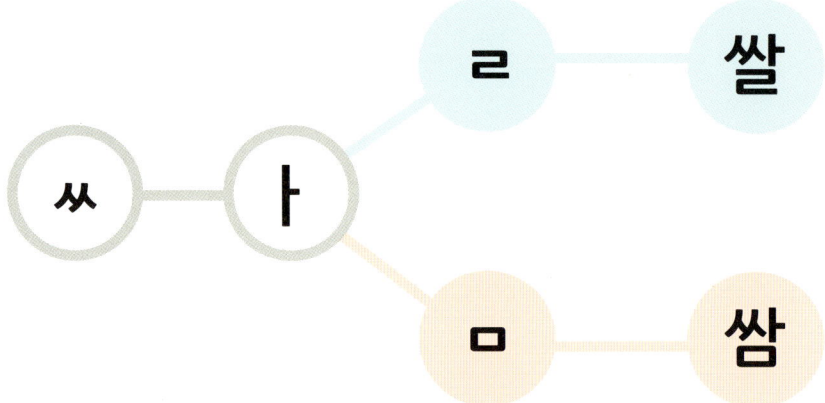

- 낱말을 읽고 써 보아요.

싸우다   쑥   날씨   씨앗

- '쌀'이 들어 있는 낱말을 찾아보아요.

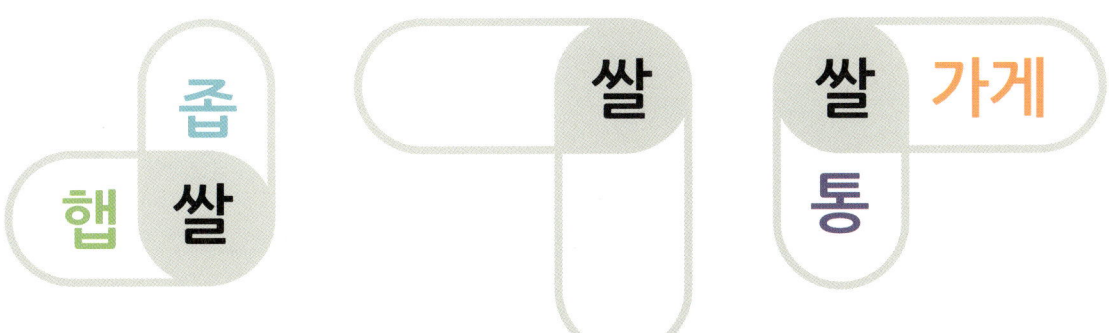

햅 쌀 / 좁쌀 / 쌀 통 / 쌀 가게

- 'ㅆ'이 들어 있는 낱말을 찾아 색칠해 보아요.

씨	송	싼	쌍	무	지	개	산	자	금	배	새	기
앗	무	사	과	비	머	너	아	상	얼	차	싹	쓰
고	글	씨	가	다	나	쓰	무	아	저	씨	설	미
양	손	나	라	비	마	하	만	지	아	강	아	듬
말	이	쌍	둥	이	야	기	용	썬	쌀	기	바	쑥
썰	미	밥	글	바	감	통	삼	상	밥	람	쑤	땅
선	장	실	싸	름	사	쏘	이	쑤	시	개	방	조

- '쌀'에 딸린 낱말을 알아보아요.

이삭

벼

볍씨

- 문장을 만들어 보아요.

떨어진
검은   쌀이 많습니다.

- 여러 가지 쌀의 생김새를 자세히 말해 보아요.

쌀

보리쌀

좁쌀

모

움직씨는 무엇일까요?

웃다   먹다   달리다

움직씨

사람이나 동물의 움직임을 나타내는 말을 움직씨라고 해요.

셋째 마당 147

드러내기

- 누룽지를 만들어 보아요.

1. 쌀을 깨끗이 씻어 밥을 짓는다.

2. 밥을 적당량 준비한다. (식은 밥 이용 가능)

3. 주걱으로 밥을 골고루 펴서 눌러 준다.

4. 밥이 주걱에 붙을 때는 살짝 물을 묻힌다.

5. 골고루 펴진 밥을 불 위에 올린다.

6. 중불에서 약 15분간 구워 준다.

7. 한 번 뒤집어 또다시 15분간 구워 준다.

바삭바삭한 누룽지 완성!!

● 쌀로 만든 여러 가지 음식으로 다섯 고개 놀이를 해 보아요.

● 다섯 고개 문제를 풀어 보아요.

1. 쌀로 만들었습니다.
2. 길이는 내 손가락만 합니다.
3. 친한 친구는 어묵입니다.
4. 고춧가루 때문에 빨갛습니다.
5. 매운맛이 납니다.

나는 누구일까요?

누룽지

뻥튀기

송편

● 다섯 고개 문제를 만들어 보아요.

1. 쌀로 만들었습니다.
2.
3.
4.
5.

식혜

엿

셋째 마당 149

6 톡톡, 무슨 알일까?

햇볕이 따뜻한 날이에요.
보미와 누리가 예쁜 알 하나를 찾아냈어요.
알에서 무언가 나오려나 봐요.
알이 조금씩 깨지고 있어요.

◆ 알을 깨고 무엇이 나왔을까요?
◆ 여러분이 알고 있는 알의 종류를 말해 보아요.

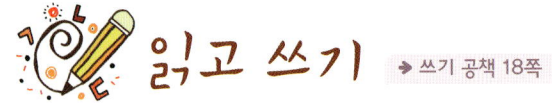 읽고 쓰기 → 쓰기 공책 18쪽

- 낱자를 읽고 써 보아요.

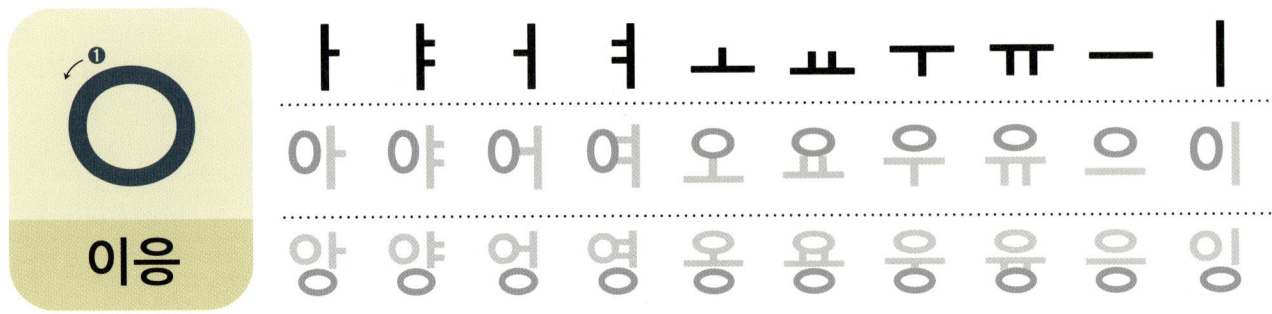

- 두 낱말의 서로 다른 점을 말해 보아요.

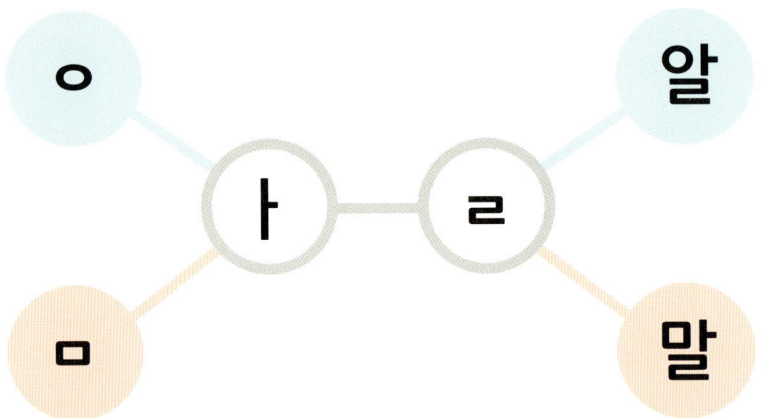

- 낱말을 읽고 써 보아요.

| 가을 | 엉덩이 | 기둥 | 빨강 |

ㄱ ㅏ ㅇ ㅡ ㄹ   ㅇ ㅓ ㅇ ㄷ ㅓ ㅇ ㅇ ㅣ   ㄱ ㅣ ㄷ ㅜ ㅇ   ㅃ ㅏ ㄹ ㄱ ㅏ ㅇ

152

• 이야기를 만들어 보아요.

움직씨를 써 보아요.

울다

• 문장을 만들어 보아요.

보미가 — 뜰에서 / 어렵게 — 알을 찾았습니다.

개구리알

● 병아리는 왜 악어에게 '형제'라고 했을까요?
● 악어는 왜 병아리에게 '형제'가 아니라고 했을까요?

• 여러 가지 알의 생김새를 자세히 말해 보아요.

• 빈칸에 들어갈 낱말을 골라, 알림판을 만들어 보아요.

깃털 지렁이 비늘 부리 껍질
알 토끼풀 다리

아기 병아리 이름은 삐약이에요.
삐약이는 ⬚ 에서 태어났어요.
몸은 노란 ⬚ 로 덮여 있고,
⬚ 로 먹이를 쪼아 먹어요.
좋아하는 음식은 ⬚ 랍니다.

셋째 마당

넷째 마당

1 뒤죽죽 박죽죽 잠나라
2 내 짝은 금 긋기 대장
3 춤을 추어요
4 왕코뺑코
5 탈 전시회
6 풀싸움
7 열 개의 해

1 뒤죽죽 박죽죽 잠나라

"보미야, 인형들 정리해야지."
"동화책 다 읽고요."
"보미야, 이도 닦아야지."
"이것만 읽고요."
"너 옷도 갈아입어야 하잖아."
"조금만 더 읽고요."
"너 어제도 그냥 잤잖아."

보미가 책을 읽다 어느새 잠이 들었어요.
보미는 오늘도 '뒤죽죽 박죽죽 잠나라'로 떠나요.

◇ '뒤죽죽 박죽죽 잠나라'는 어떤 나라일까요?
◇ 여러분은 잠자기 전에 무엇을 하나요?

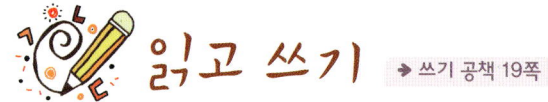

읽고 쓰기 → 쓰기 공책 19쪽

- 낱자를 읽고 써 보아요.

- 'ㅈ'이 들어 있는 낱말을 말해 보아요.

- 낱말을 읽고 써 보아요.

저녁 주전자 자 송아지

- 두 낱말의 서로 다른 점을 말해 보아요.

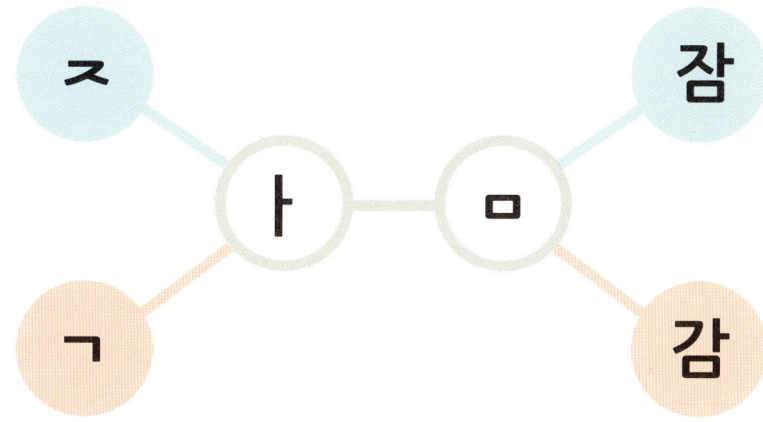

- '잠'이 들어 있는 낱말을 찾아보아요.

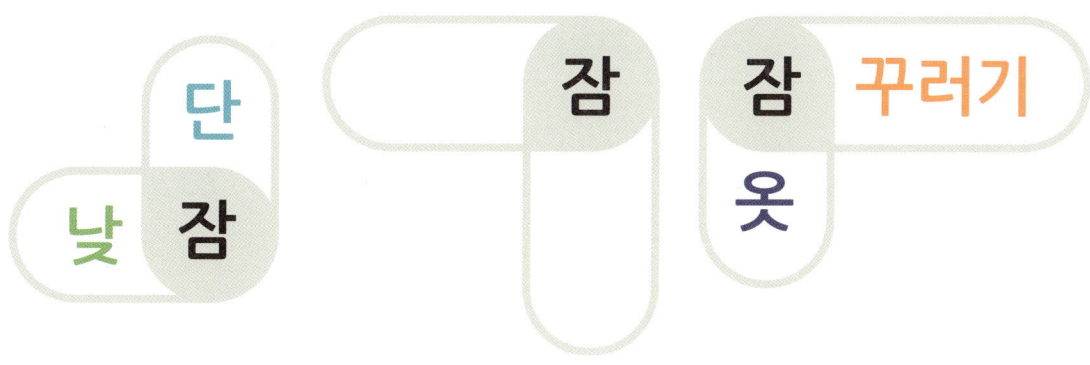

● 여러 가지 '잠'의 이름을 알아보아요.

나비잠

갓난아기가 두 팔을
머리 위로 벌리고 자는 잠

새우잠

새우처럼 등을
구부리고 자는 잠

● 문장을 만들어 보아요.

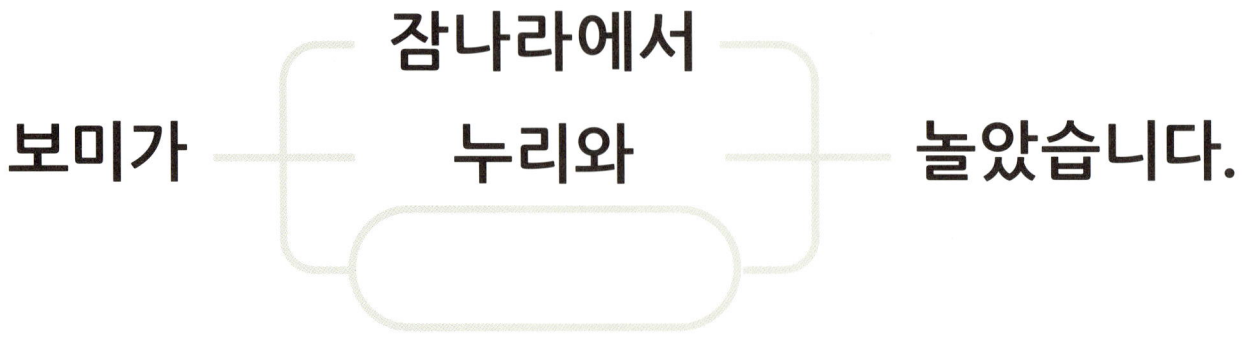

● 그림을 보고, 이야기가 이어지게 문장을 써 보아요.

보미가 잠나라에 갔습니다.

곰 인형과 즐겁게 놉니다.

토씨는 무엇일까요?

토씨는 낱말에 붙어서 뜻을 뚜렷하게 해 줘요.

드러내기

● ⬭ 안의 말을 대신할 다른 이름을 지어 보아요.

보미가 더 잘래 베개 산을 넘어,
드르렁 쿨 골짜기를 지났어요.
치카푸카 강에서
동무들이 이 닦는 것을 보았어요.
보미는 하품 다리를 건너다가
잠버릇고약 악어를 만났어요.
하마터면 물릴 뻔했어요.

● 보미는 '뒤죽죽 박죽죽 잠나라' 동무들에게 어떻게 했을까요?

보미는 '뒤죽죽 박죽죽 잠나라'에 이르렀어요.
모두들 뒤죽박죽 졸고 있네요.
"크레파스야, 제자리에서 자야지."
"내 자리에 좀 넣어 줄래?"
졸린 눈으로 크레파스가 말했어요.
보미가 크레파스를 제자리에 넣어 주자,
크레파스는 잠이 들었어요.
보미는 빙긋 웃으며 다른 동무들에게 다가갔어요.

2 내 짝은 금 긋기 대장

내 짝은 책상에 금을 그어 놓고
내 물건이 넘어오지 못하게 해요.
연필 넘어가면 연필 뺏고,
지우개 넘어가면 지우개 뺏고,
공책 넘어가면 공책 뺏고,
쓰레기 넘어가면 그때는 돌려줘요.

내 짝은 금 긋기 대장이에요.

◇ 여러분의 짝에게 어울리는 별명을 지어 보아요.
◇ 여러분은 어떤 짝과 앉고 싶나요?

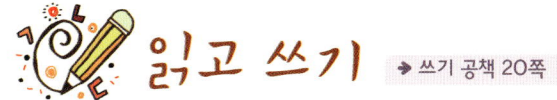
읽고 쓰기   쓰기 공책 20쪽

- 낱자를 읽고 써 보아요.

- 두 낱말의 서로 다른 점을 말해 보아요.

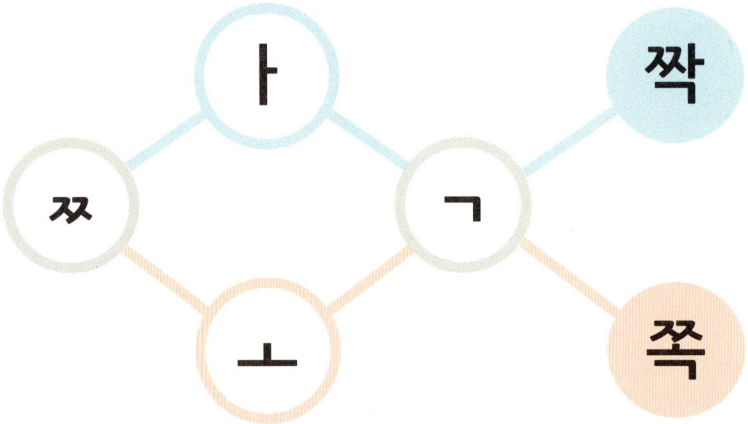

- 낱말을 읽고 써 보아요.

오른쪽   짜다   짜장면   짝꿍

● 'ㅉ'이 들어 있는 낱말을 만들어 보아요.

짬뽕   지   글 글

짜꿍   딱   꺼기   개

렁 렁

- '짝'이 되는 두 개를 세는 낱말을 알아보아요.

젓가락 한 매   신발 한 켤레

 토씨를 찾아 밑줄을 그어 보아요.

- 누리가 손을 다쳤습니다.

- 할아버지는 안마를 좋아합니다.

- 내 동생은 손뼉을 크게 잘 칩니다.

- 문장을 만들어 보아요.

보미가 짝꿍을 ─┬─ 밀었습니다.
              ├─ 놀렸습니다.
              └─

고등어 한 손   비둘기 한 쌍

- 그림에 나타나 있는 모습을 보기 처럼 한 문장으로 말해 보아요.

보기
보미가 활짝 웃고 있어요.

드러내기

- 짝을 찾아 선으로 이어 보아요.

- 짝이 되는 말을 보기 에서 찾아 빈칸에 써 보아요.

흥부		선녀	
토끼		연필	
엄마		빨래	
책		해	

보기

세탁기   나무꾼   달   책꽂이
아빠   거북이   놀부   지우개

- 여러분의 짝꿍을 소개해 보아요.

내 짝꿍을 그려 보아요.

내 짝꿍의 이름은 _____ 입니다.

내 짝꿍은 _____ 좋아합니다.

내 짝꿍은 _____ 잘합니다.

내 짝꿍은 _____ 닮았습니다.

3 춤을 추어요

보미는 '돼지 임금' 노래를 배웠어요.
동무들과 노래에 어울리는 춤을 만들기로 했어요.

뚱 뚱 뚱 돼지 임금 부하들과 으스대다
어느 날 산길에서 호랑이를 만났네.
겁쟁이 돼지 임금 **도망가고 싶었지만**,
부하들이 보고 있어 어쩔 수가 없었네.

돼지 임금 호랑이에게 잠깐 기다리라 했네.
온 몸에 똥칠하고 자 덤벼라 했다네.
소중한 내 발톱에 똥칠하긴 싫어.
호랑이는 돼지에게 내가 졌다 했다네.

◆ 굵은 글씨로 쓴 노랫말에 어울리는 몸짓을 해 보아요.

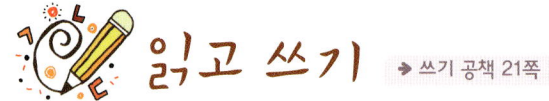 쓰기 공책 21쪽

• 낱자를 읽고 써 보아요.

ㅊ 치읓

ㅏ ㅑ ㅓ ㅕ ㅗ ㅛ ㅜ ㅠ ㅡ ㅣ
차 챠 처 쳐 초 쵸 추 츄 츠 치
앛 얏 엋 엿 옷 욧 웇 윷 읒 잋

• 두 낱말의 서로 다른 점을 말해 보아요.

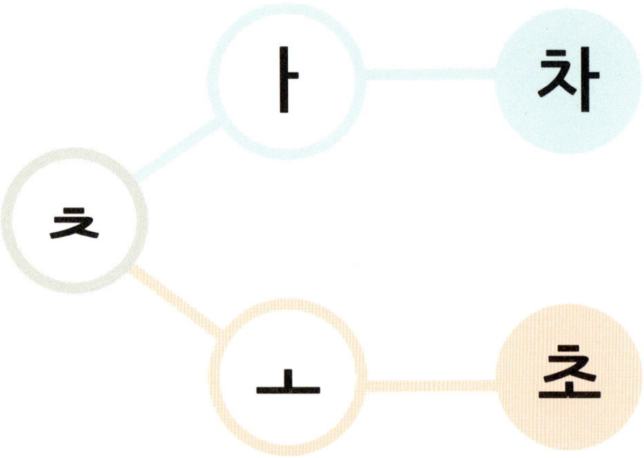

ㅊ — ㅏ — 차
ㅊ — ㅗ — 초

공책

• 낱말을 읽고 써 보아요.

치마
치 마

춤추다
ㅊㅜㅁ ㅊㅜ 다

꽃
ㄲㅗㅊ

경찰차
ㄱㅕㅇ 차ㄹ 차

178

● 'ㅊ'이 들어 있는 낱말을 지나 '공책'을 찾아가 보아요.

● 그림을 보고 차례대로 글을 써 보아요.

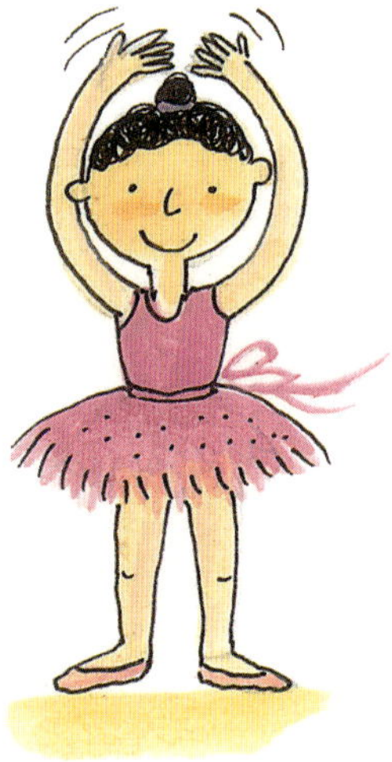

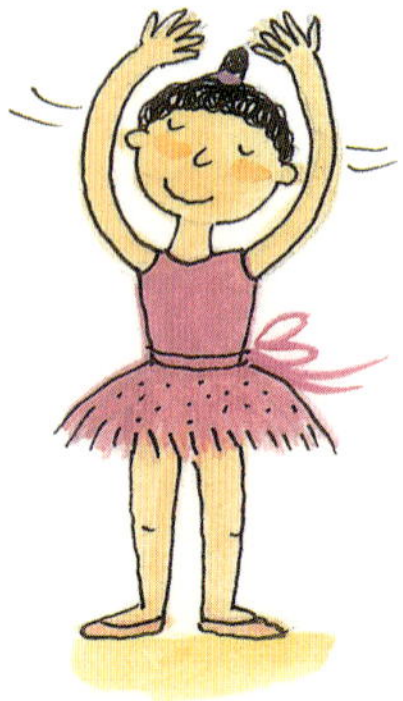

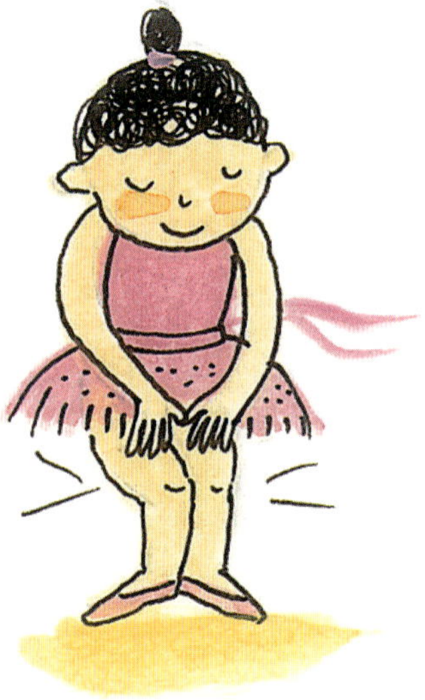

1. 손을 머리에 올립니다.

2. 손과 머리를 같이 돌립니다.

3. 손으로 무릎을 두 번 칩니다.

1.

2.

3.

● 문장을 만들어 보아요.

보미가 — **예쁐 / 귀여운 / (　　)** — **춤을** — **신나게 / 이상하게 / (　　)** — **춥니다.**

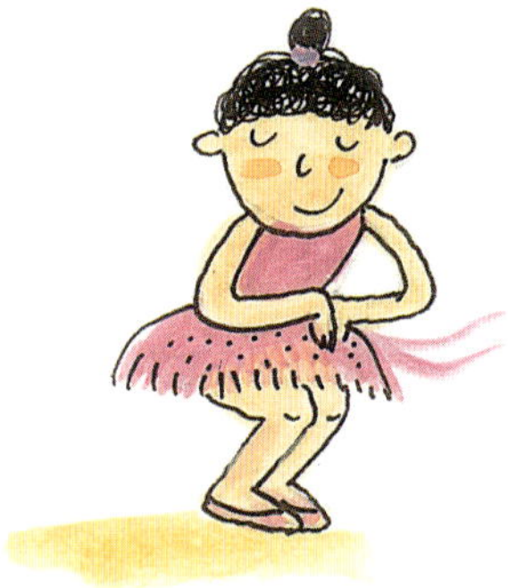

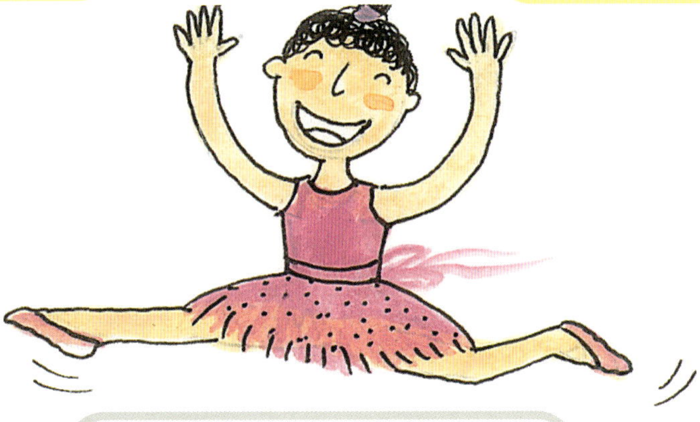

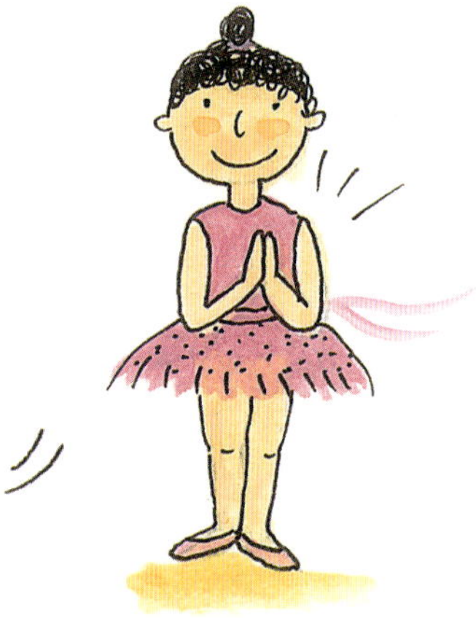

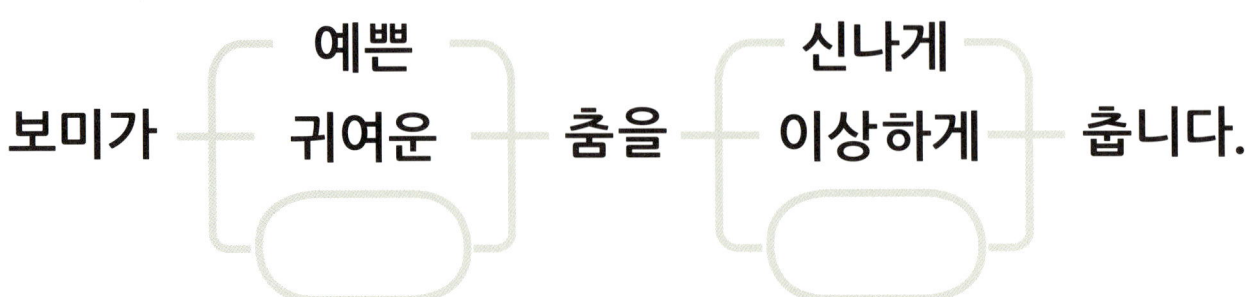

● 빈칸에 알맞은 낱말을 써 보아요.

추다 — 춤    자다 — (　)

꾸다 — 꿈    (　) — 짐

 토씨를 바르게 고쳐 보아요.

- 선생님과 열쇠가 찾습니다.
- 아빠가 장난감를 정리합니다.
- 누리와 아빠가 '쌀밥 보리밥' 놀이를 합니다.

 드러내기

● '돼지 임금' 노래에 맞춰 춤을 추어 보아요.

뚱 뚱 뚱 돼지 임금

부하들과 으스대다

어느 날 산길에서

호랑이를 만났네.

겁쟁이 돼지 임금

도망가고 싶었지만,

부하들이 보고 있어

어쩔 수가 없었네.

넷째 마당 183

4 왕코뻥코

왕코뻥코는 코가 아주 큰 거인이에요.
코가 얼마나 큰지 콧구멍이 동굴 같아요.
코를 골면 바위가 들썩거려서,
숲 속 동물들은 잠을 못 자요.

아이들은 왕코뻥코를 좋아해요.
더운 날에는 시원한 콧바람을 불어 주거든요.
비가 오면 콧구멍 속에서 비를 피하기도 해요.

제일 좋은 건 왕코뻥코가 재채기를 할 때지요.
콧바람을 타고 신나게 하늘을 날 수 있으니까요.

어느 날 왕코뻥코가 코감기에 걸렸어요.
하루 내내 콧물이 줄줄 흘러내렸어요.
온 마을이 찐득찐득한 콧물에 잠겼어요.
아이들은 왕코뻥코와 놀지 못해서 심심했어요.

◇ 여러분은 왕코뻥코와 무슨 놀이를 하고 싶나요?

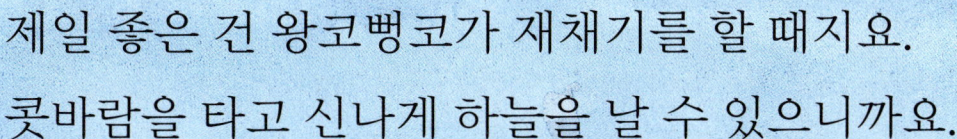

읽고 쓰기

- 낱자를 읽고 써 보아요.

- 두 낱말의 서로 다른 점을 말해 보아요.

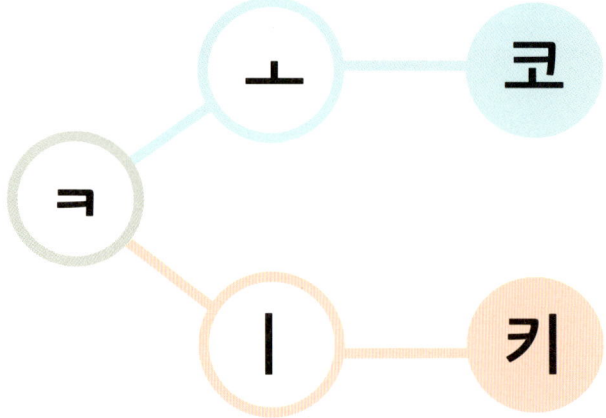

- 낱말을 읽고 써 보아요.

땅콩 　 칼 　 코끼리 　 부엌

● 모양에 따라 달라지는 '코'의 이름을 알아보아요.

납작코　　매부리코　　주먹코

● 그림을 보고, 문장을 만들어 보아요.

왕코뻥코의 집은　크고

왕코뻥코는　코도 크고　입도 큽니다.

● 왕코뻥코는 어떻게 코감기가 나았을까요?

왕코뻥코는 코감기에 걸렸습니다.

코감기가 나은 왕코뻥코는 기분이 좋아졌습니다.

 누구의 말에 토씨가 더 많나요?

드러내기

● 다음 글을 읽고, 콧물이 쏙 들어가는 마법 약의 비법을 살펴보아요.

왕코뺑코 마을의 의사 선생님은 신기한 마법 약을 잘도 만들어요.
아침, 저녁 두 번만 먹어도 키가 훌쩍 크는 약
씹고 있으면 하늘을 붕붕 날 수 있는 약
눈에 바르면 밤에도 낮처럼 환하게 볼 수 있는 약
한 번 발을 씻으면 3일 동안 씻지 않아도 되는 약

신기한 약이 정말 많아요.
왕코뺑코도 의사 선생님의 신기한 마법 약을 먹고 나았답니다.
콧물이 쏙 들어가는 마법 약, 어떻게 만들었을까요?

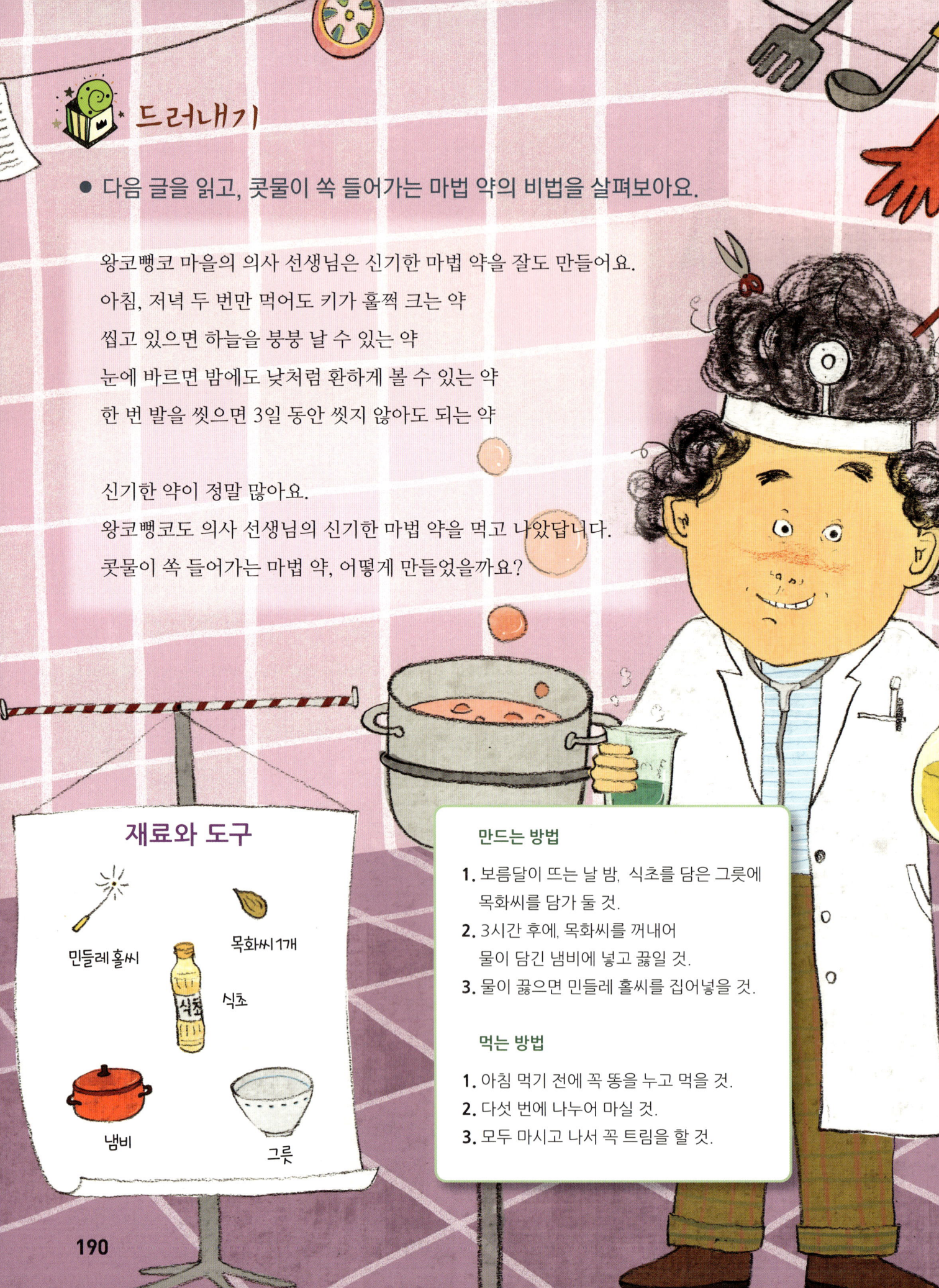

재료와 도구

민들레 홀씨, 목화씨 1개, 식초, 냄비, 그릇

만드는 방법

1. 보름달이 뜨는 날 밤, 식초를 담은 그릇에 목화씨를 담가 둘 것.
2. 3시간 후에, 목화씨를 꺼내어 물이 담긴 냄비에 넣고 끓일 것.
3. 물이 끓으면 민들레 홀씨를 집어넣을 것.

먹는 방법

1. 아침 먹기 전에 꼭 똥을 누고 먹을 것.
2. 다섯 번에 나누어 마실 것.
3. 모두 마시고 나서 꼭 트림을 할 것.

5 탈 전시회

주말에 할아버지와 탈 전시회에 갔어요.
웃는 탈, 우는 탈, 찡그린 탈, 생각하는 탈,
부끄러워하는 탈, 예쁜 탈, 눈을 부릅뜬 탈…….
탈이 정말 많았어요.

그곳에서 탈 칠하기 체험을 했어요.
웃는 얼굴로 칠하고 싶었는데,
무서운 얼굴이 되어 버렸어요.
그래도 내가 칠한 탈은 멋졌어요.

집에 가지고 와서 내 방에 걸어 놓았어요.
다음에 또 가고 싶어요.

◇ 그림의 탈 중에서 마음에 드는 탈이 있나요? 왜 마음에 드나요?
◇ 여러분이 만들고 싶은 탈을 말해 보아요.

읽고 쓰기 ◆ 쓰기 공책 23쪽

- 낱자를 읽고 써 보아요.

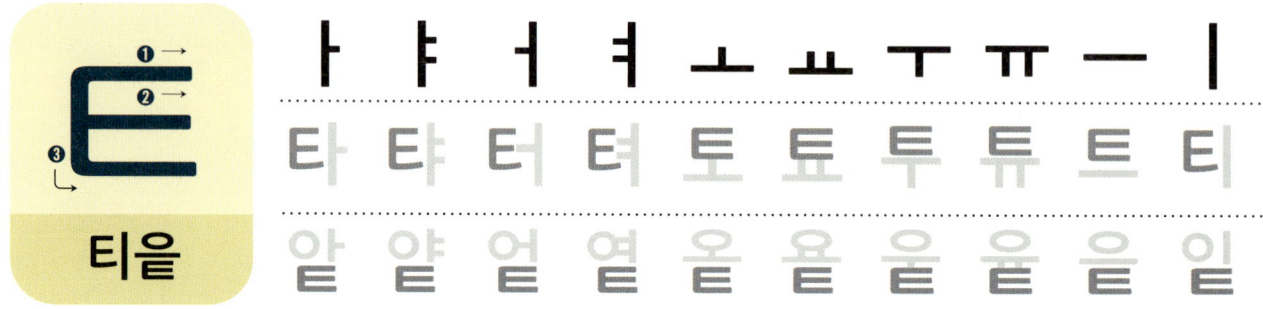

- 두 낱말의 서로 다른 점을 말해 보아요.

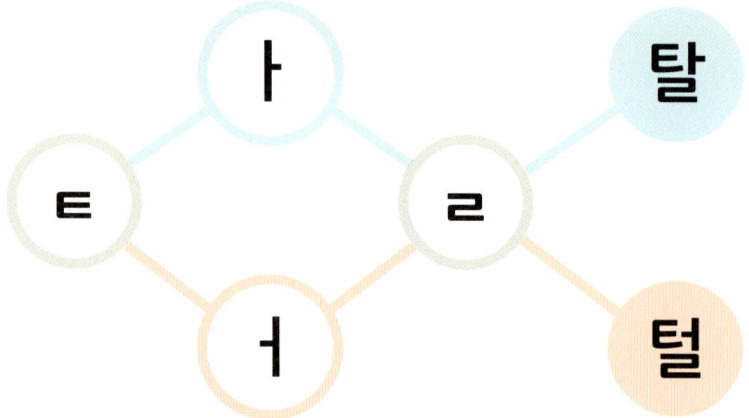

- 낱말을 읽고 써 보아요.

깃털 발톱 솥뚜껑 놀이터

● 'ㅌ'이 들어 있는 낱말을 써 보아요.

(   ) 제일 큰 새예요. 날지는 못해도 아주 빨리 달려요.

 우리나라의 전통 무예를 바탕으로 한 운동이에요. (   )

(   ) 우리나라 국기 이름이에요.

 빨갛게 익은 ○○○, 정말 맛있어요. (   )

(   ) 나무 자를 때 쓰는 도구예요. 요즘은 쇠도 자를 수 있대요.

 은행에 저금하려면 ○○이 있어야 해요. (   )

(   ) ○○인간은 눈에 보이지 않아요.

● 탈의 생김새를 자세히 써 보아요.

눈, 코, 귀, 입 모두 큽니다.
웃고 있습니다.
얼굴에 여러 개의 점이 있습니다.

● 그림을 보고, 문장을 만들어 보아요.

보미는 눈이 큰 탈은 좋아하지만,
입이 큰 탈은 싫어합니다.

보미는 ⬚ 좋아하지만,
⬚ 싫어합니다.

● '얼굴'에 딸린 낱말을 알아보아요.

이마
콧등
눈썹
뺨
인중
턱
입술

 왜 띄어 쓸까요?

아이가아파요.

아! 이가 아파요.   아이가 아파요.

 드러내기

● 탈의 표정에 어울리는 말을 써 넣어 보아요.

"저 좀 도와주세요. 배가 고파요." — 눈끔적이탈

"나 무섭지?" — 사자탈

원숭이탈

"오늘은 기분이 너무 좋아." — 하회탈

각시탈

말뚝이탈

● 《훨훨 간다》를 읽고 역할을 나누어 따라해 보아요.

할아버지가 할머니에게 이야기를 들려줍니다.
할머니도 재미있어 따라합니다. 밖에서는 도둑이 담장을 넘어옵니다.

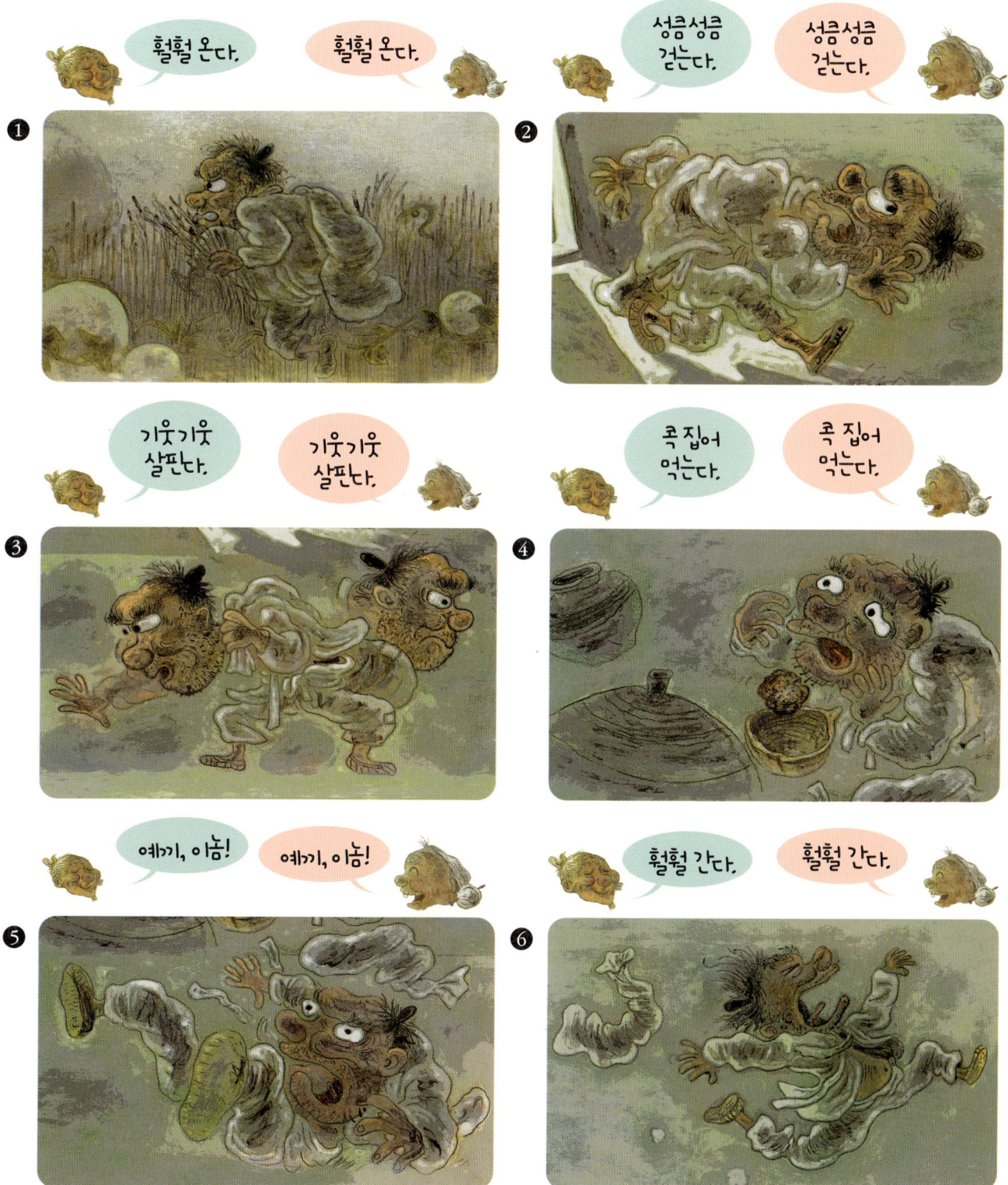

199

6 풀싸움

바랭이, 강아지풀, 잔디의 풀줄기를 서로 걸고
잡아당겨서 끊는 놀이야. 먼저 끊어지는 쪽이 지는 거지.

바랭이, 강아지풀, 잔디의 풀줄기를 뽑아서
밑에서부터 손톱으로 훑어 올라오면 끝에 물방울이 맺혀.
물방울이 맺힌 부분을 서로 맞닿게 한 뒤 떼어 냈을 때
물방울을 묻혀 오는 쪽이 이겨.

억새나 갈대 잎의 넓은 쪽을 잎맥만 남기고 쥔 다음
다른 손가락으로 걸어 당겨 날리는 거야.
멀리 날리는 쪽이 이기는 거지.

강아지풀 이삭을 떼어서 줄기로 쓸어 주면
꼭 벌레처럼 앞으로 움직이는데,
그렇게 해서 누가 더 빨리 가나 겨뤄.

◇ 동무들과 풀싸움을 해 보아요.

- 낱자를 읽고 써 보아요.

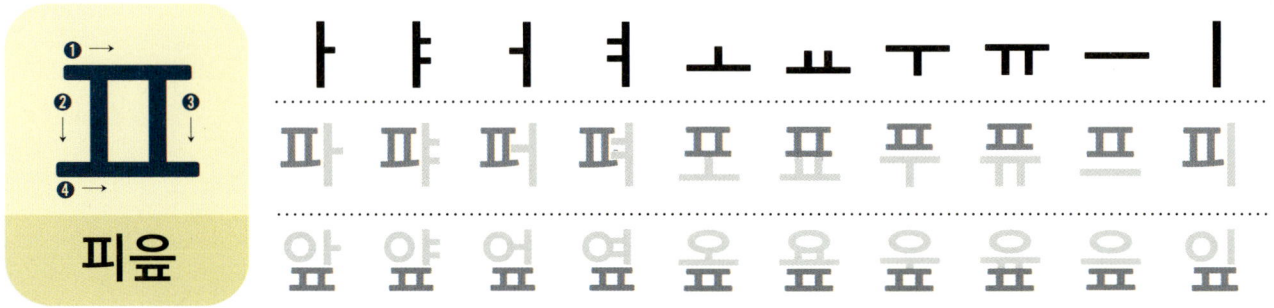

| ㅏ | ㅑ | ㅓ | ㅕ | ㅗ | ㅛ | ㅜ | ㅠ | ㅡ | ㅣ |

파 퍄 퍼 펴 포 표 푸 퓨 프 피
앞 얖 엎 옆 옵 욥 웁 윱 읖 잎

- 두 낱말의 서로 다른 점을 말해 보아요.

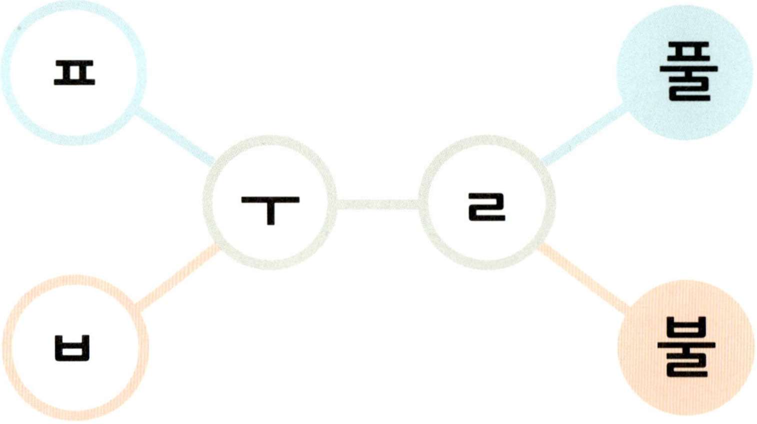

ㅍ — ㅜ — ㄹ — 풀
ㅂ — ㅜ — ㄹ — 불

- 낱말을 읽고 써 보아요.

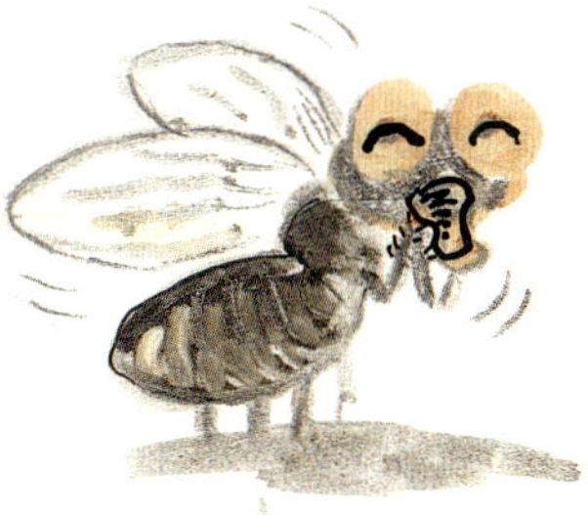

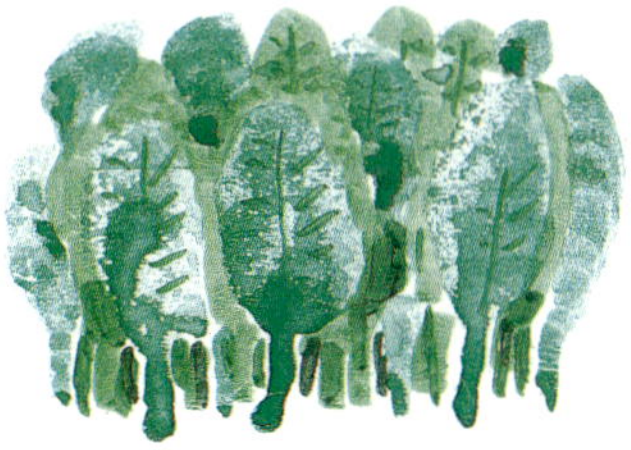

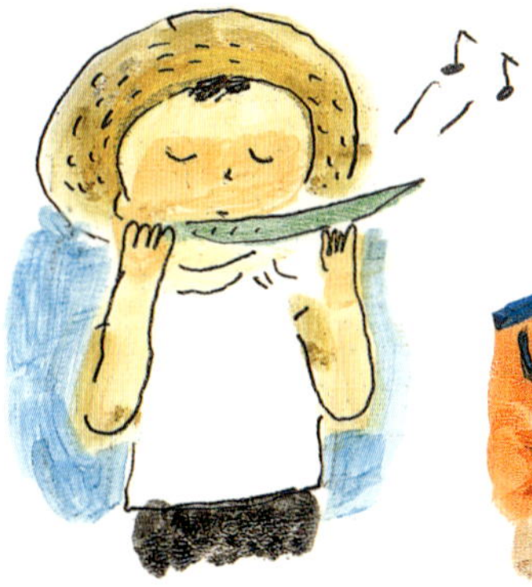

파리 숲 풀피리 무릎

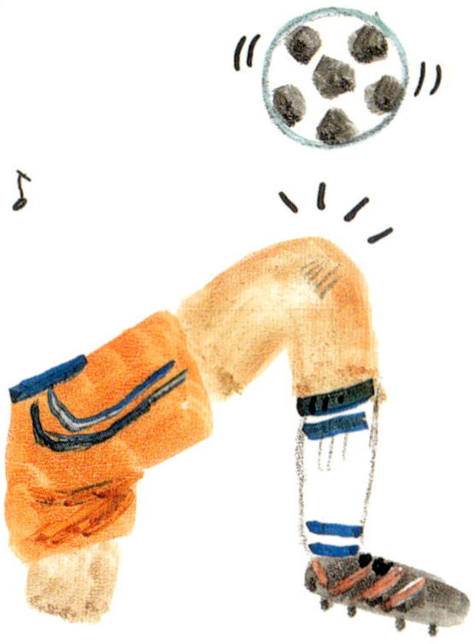

- '풀'이 들어 있는 낱말을 찾아보아요.

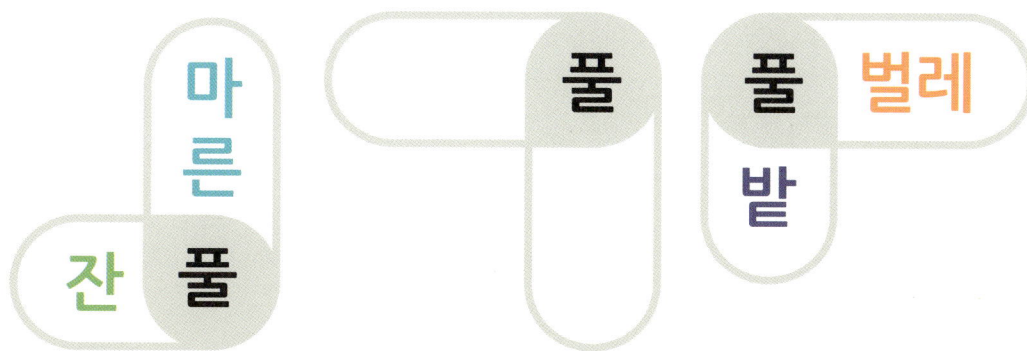

마른풀
잔풀
풀
풀밭
풀벌레

- 'ㅍ'이 들어 있는 낱말을 말해 보아요.

- '풀'과 관련된 여러 낱말을 알아보아요.

풀이 눕다 마르다 자라다 돋아나다

 **바르게 띄어** 써 보아요.

1. 낱말과 낱말은 띄어 씁니다.
2. 토씨는 낱말에 붙여 씁니다.

보미와누리가풀싸움을합니다.

→

풀을 매다 / 베다 / 뽑다 / 뜯다

- 그림을 보고, 문장을 만들어 보아요.

보미가 풀싸움에서 이기면 누리가 화를 냅니다.

누리가 화를 내면

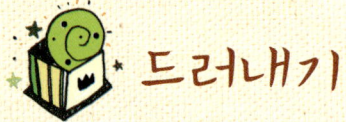 ## 드러내기

● 볏짚으로 물고기를 만들어 동무들과 놀이를 해 보아요.

준비물: 볏짚 네 가닥, 인형 눈, 풀, 가위

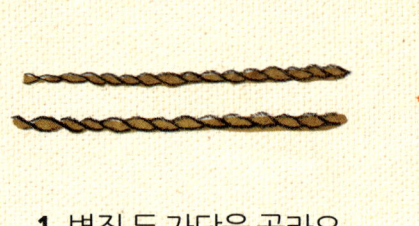
1. 볏짚 두 가닥을 골라요.

2. 밑동을 묶어요.

3. 새끼를 꼬아요.

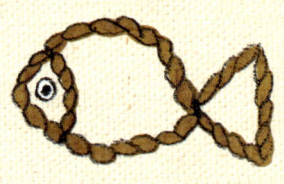
6. 남는 부분을 자르고 인형 눈을 붙여요.

5. 볏짚 한 가닥으로 이음새를 묶고, 남은 볏짚 한 가닥을 꼬아 눈 붙일 자리를 만들어요.

4. 물고기 모양을 만들어요.

● 놀잇감을 만드는 순서를 말해 보아요.

풀제기

1. 질경이풀을 뽑아요.
2. 여러 개를 모아서 뿌리 쪽을 실로 묶어요.

풀각시

1. 가느다란 풀을 뽑아서 뿌리 쪽을 잘라 내요.
2. 자른 풀을 가지런히 해서, 나무 막대기에 묶어요.
3. 풀을 머리처럼 땋아서 틀어 올려요.
4. 천이나 종이로 치마를 만들고, 얼굴을 그려요.

짚뱀

7 열 개의 해

옛날 옛적 아주 먼 옛날에는 하늘에 해가 열 개나 있었어.
어머니 해, 아버지 해, 맏딸 해, 맏아들 해, 둘째딸 해, 둘째아들 해,
셋째딸 해, 셋째아들 해, 막내딸 해, 막내아들 해, 이렇게 모두 열이었지.
하지만 사람들은 해가 하나인 줄만 알았어.
왜냐하면 날마다 하나씩만 하늘에 나타나서 그래.
하루는 어머니 해, 하루는 아버지 해,
하루는 맏딸 해, 하루는 맏아들 해……, 이렇게 말이야.

어느 날 막내아들 해가 하늘에 나가게 됐어.
"오늘은 막내 차례다. 길 잃어버리지 말고 잘 다녀오렴."
하지만 막내아들 해는 혼자 하늘에 나가는 게 싫었어.
"난 혼자 하늘에 나가는 거 싫어!
다음에는 형, 누나들이 같이 안 가면 나도 안 갈 거야!"
보다 못한 형과 누나들이 다음에는 같이 가 주겠다고 약속을 했지.

막내아들 해가 하늘에 나갈 차례가 됐어.
"지난번에 형, 누나들이 같이 가 준다고 했지? 그러니까 같이 가."
막내는 잠자는 형과 누나들을 다 깨웠어.
형과 누나들은 하릴없이 막내를 따라나섰지.
뒤늦게 아이들이 없어진 것을 안 어머니, 아버지는
부리나케 하늘로 달려 나갔어.
"이키, 큰일 났군."
어머니, 아버지는 아이들을 소리쳐 불렀지만 소용이 없었지.
하는 수 없이 어머니, 아버지도 아이들 뒤를 따라 하늘로 나아갔어.

이렇게 해서 해 열 개가 모두 하늘에 떠 있게 됐지.
그러자 땅 나라에서는 큰일이 났어.
햇볕이 열 배로 뜨겁게 내리쬐니 큰일이지 뭐야.
강과 호수가 말라붙고 온갖 곡식이 볕에 타 버렸어.
쇠붙이와 돌덩이도 녹아내리고 나무와 풀도 시들어 갔지.
땅 나라 사람들은 어쩔 줄 몰라 발만 동동 굴렀어.

◇ 왜 하늘에 해 열 개가 떠 있게 되었나요?
◇ 만약에 열 개의 달이 하늘에 뜨면 어떻게 될까요?

읽고 쓰기

● 낱자를 읽고 써 보아요.

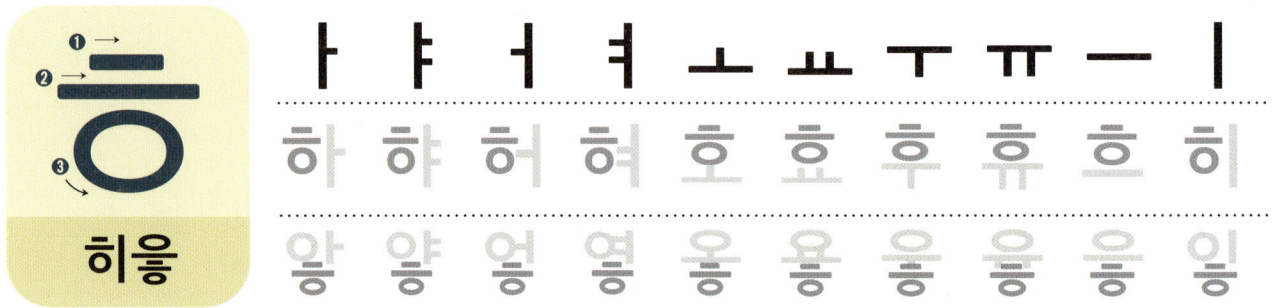

● 두 낱말의 서로 다른 점을 말해 보아요.

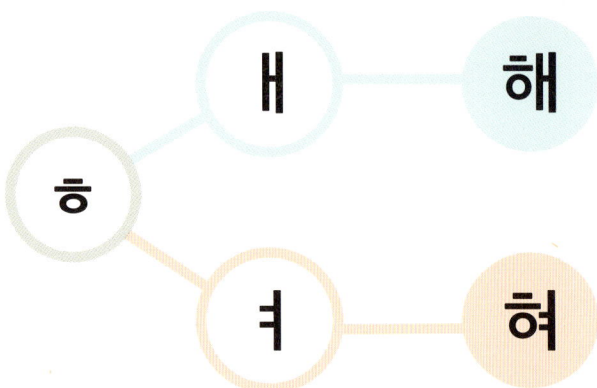

토끼가 방아를 ◯ 는다.

● 낱말을 읽고 써 보아요.

하얗다   **따뜻하다**   **마흔**   **천천히**

● 그림을 보고, 'ㅎ'이 들어 있는 낱자를 써 넣어 보아요.

호빵이 하○다.

하늘이 파○다.

책상 위에 책이 ○여 있다.

엄마가 아기를 ○았다.

보미는 사과를 ○아한다.

- '해'와 관련된 여러 낱말을 알아보아요.

해돋이
햇볕

- 보기 처럼 더위를 이기는 방법을 말해 보아요.

보기

1단계
얼음을 꺼내어
비닐 봉지에 넣는다.

2단계
등에 집어넣는다.

3단계
얼음이 녹으면
다시 얼린다.

- 문장을 만들어 보아요.

심심한   막내 해는 형을   흔들어   깨웠습니다.

해넘이

햇살

 문장 부호를 알아보아요.

"난 혼자 가는 거 싫어!"
"막내야, 울지 마. 다음엔 형이 같이 갈게. 알았지?"

. 온점(.)은 문장 끝에 씁니다.

? 물음표(?)는 묻는 문장 끝에 씁니다.

! 느낌표(!)는 느낌을 나타내는 문장 끝에 씁니다.

, 반점(,)은 문장 안에서 짧게 쉴 때 씁니다.

" " 큰따옴표(" ")는 말하는 부분을 묶어 줄 때 씁니다.

문장을 구별하여 읽거나 이해하기 쉽게 하기 위한 여러 가지 부호를 문장 부호라고 해요

넷째 마당 213

드러내기

● 해가 뜨지 않으면 무슨 일이 생길까요?

낮에도 불을 켜야 해요.
운동장에서 놀기 힘들어요.

● 해를 부르는 노랫말을 만들어 보아요.

해야 해야 나오너라
김칫국에 밥 말아 줄게
장구 치고 북 치고
빨리빨리 나오너라

해야 해야 나오너라
미역국에 밥 말아 먹고
벌거벗고 나오너라

해야 해야 나오너라

빨리빨리 나오너라

해야 해야 나오너라

나오너라

넷째 마당

다섯째 마당

1 재주 많은 네 형제
2 하나는 뭐니?
3 어디까지 왔니?
4 호랑이의 줄무늬는 왜 생겼을까?
5 송아지 낮잠
6 겨울 물오리
7 후다닥 기차
8 눈썰매장

1 재주 많은 네 형제

옛날에 한 부부가 늘그막에 아기를 하나 낳았는데,
이 아기가 첫돌이 지나도록 앉지도 서지도 못하더래.
할 줄 아는 거라고는 떠 주는 밥 먹고, 누워서 오줌똥 싸는 것뿐이야.
두 돌이 지나고 나이 세 살을 먹도록 그렇더니,
다섯 살이 지나고 일곱 살을 먹어도 매한가지야.
그래서 어머니, 아버지는
"저래 가지고 언제 사람 구실을 하겠나." 하고 큰 걱정을 했지.
그런데 하루는 어머니가 농사일을 마치고 집에 돌아와 보니,

글쎄, 아이가 뒷산에서 집채만 한 바위를 지고 내려오지 뭐야.
"어머니, 아버지 앉아서 쉬시라고 바위 하나 가져왔습니다."
이러면서 그 큰 바위를 마당에 쿵 하고 부려 놓네.
오줌똥도 못 가리던 아이가 갑자기 장사가 됐어.
그 뒤로도 틈만 나면 커다란 바위를 메고 다녀서,
아이 이름을 바위손이라고 지었단다.

바위손이는 날이 갈수록 힘이 세어지더니,
나이 열다섯에는 세상 누구도 당해 낼 수 없을 만큼 힘센 장사가 됐어.
이때 마침 나라에 큰 난리가 났다는 소문이 났어.
이웃 나라에서 사나운 도적들이 쳐들어와 백성들을 괴롭힌다는 거야.
바위손이가 이 소문을 듣고 어머니, 아버지께 말씀을 드렸지.

"어머니, 아버지! 제가 가서 도적들을 물리치고 오겠습니다."
"그래, 부디 몸조심해라."
바위손이는 보따리 하나 둘러메고 집을 나섰어.

한참 가다 보니, 저만치 앞에 산 하나가 통째로 오락가락하더래.
쑥 밀려갔다가 덜컥 끌려오고, 또 쑥 밀려갔다가 덜컥 끌려오고,
이런단 말이지. 웬일인가 하고 가까이 가 보니,
웬 장사가 고무래를 가지고 산을 밀었다 당겼다 하고 있더래.
팔 힘이 얼마나 센지, 고무래를 밀고 당길 때마다
산이 밀려갔다 끌려왔다 하는 거야.
바위손이가 놀라서 물었지.

"너는 누구냐?"

"나는 고무래손이다."

둘은 마음이 맞아서 의형제를 맺었지.

바위손이가 형이 되고, 고무래손이는 아우가 됐어.

둘이서 한참 가다 보니, 갑자기 길가 마른 도랑에 물이 콸콸 흐르더래.

비도 안 오는데 웬 도랑물인가 하고, 둘이서 그 도랑물을 따라가 봤지.

그랬더니 저 위에서 웬 장사가 오줌을 누고 있더래.

그 오줌 줄기가 얼마나 센지, 도랑물이 되어서 콸콸 흐르는 거야.

바위손이가 놀라서 물었지.

"너는 누구냐?"

"나는 오줌손이다."
셋은 마음이 맞아서 의형제를 맺었지.
바위손이가 맏형이 되고, 고무래손이가 둘째가 되고,
오줌손이는 막내가 됐어.

셋이서 한참 가다 보니, 저만치 들판 한가운데서 키 큰 나무가
들썩들썩하더래. 나뭇가지가 불쑥 솟아올랐다가 축 늘어지고,
또 불쑥 솟아올랐다가 축 늘어지고, 이런단 말이지.
가까이 가 보니, 나무 밑에 웬 장사가 드러누워서
드르렁드르렁 코를 골며 낮잠을 자고 있더래.
콧바람이 얼마나 센지, 숨을 쉴 때마다 나뭇가지가 들썩들썩하는 거야.
바위손이가 놀라서 물었지.
"너는 누구냐?"

"나는 콧바람손이다."
넷은 마음이 맞아서 의형제를 맺었지.
바위손이가 맏형이 되고, 고무래손이가 둘째가 되고, 오줌손이가 셋째가 되고, 콧바람손이는 막내가 됐어.

이제 넷이서 싸움터로 갔어. 가 보니 이웃 나라 도적들이 너른 벌판에 모여 있는데, 그 수가 셀 수도 없을 만큼 많더래.
멀리서 보니 개미 떼가 새까맣게 모인 것 같았지.
"자, 이제 우리가 재주를 하나씩 내놓아 보자."
"이놈들, 어디 혼 좀 나 봐라."

◆ 네 형제는 이웃 나라 도적들을 어떻게 혼내 주었을까요?

 읽고 쓰기 ➔ 쓰기 공책 26쪽

- 낱자를 읽고 써 보아요.

ㅐ	ㅐ		애
ㅒ	ㅒ		얘
ㅔ	ㅔ		에
ㅖ	ㅖ		예

- 'ㅐ'와 'ㅔ'를 소리 낼 때, 입 모양과 혀의 위치가 어떻게 달라지나요?
  달라지는 점에 신경 쓰면서 다음 낱말들을 읽어 보아요.

- 낱말을 읽고 써 보아요.

| 날개 | 가게 | 새우 | 베개 |
| 나ㄹ개 | 가게 | 새우 | 베개 |

● 그림에 어울리는 글을 써 보아요.

바위손이가 커다란 바위를 들었습니다.
바위는 집보다 더 큽니다.
바위손이는 큰 바위가 무겁지 않은가 봅니다.
어머니, 아버지는 너무 놀랐습니다.

콧바람손이는

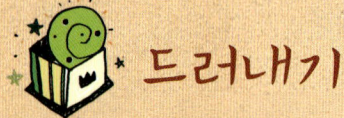 드러내기

- 그림을 따라가며 《재주 많은 네 형제》의 이야기를 말해 보아요.

- 남다른 재주를 가진 동무를 만들어 보아요.

2 하나는 뭐니?

하나는 뭐니?
　　빗자루 다리

둘은 뭐니?
　　닭다리

셋은 뭐니?
　　지게 다리

넷은 뭐니?
　　밥상 다리

다섯은 뭐니?
　　손가락

여섯은 뭐니?
　　파리 다리

일곱은 뭐니?
　　북두칠성

여덟은 뭐니?
　　문어 다리

아홉은 뭐니?
　　구만리 하늘

열은 뭐니?
　　오징어 다리

◇ 짝과 주고받으며 읽어 보아요.
◇ 답하는 말을 바꾸어 보아요.
◇ 'ㅟ'가 들어 있는 낱자를 찾아보아요.

3 어디까지 왔니?

어디까지 왔니?
　　　아직 아직 멀었다.
어디까지 왔니?
　　　개울 건너 왔다.
어디까지 왔니?
　　　담 밑까지 왔다.
어디까지 왔니?
　　　삽짝까지 왔다.
어디까지 왔니?
　　　마당까지 왔다.
어디까지 왔니?
　　　마루까지 왔다.
어디까지 왔니?
　　　아랫목에 왔다.

다 왔다 눈 떠라.

◆ **동무들과 놀이하며 불러 보아요.**
◆ **'ㅘ'가 들어 있는 낱자를 찾아보아요.**

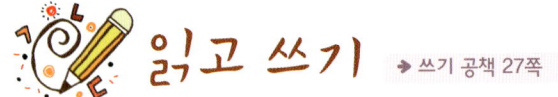 읽고 쓰기 ➜ 쓰기 공책 27쪽

- 낱자를 읽고 써 보아요.

ㅘ	ㅘ		와	와
ㅝ	ㅝ		워	워
ㅙ	ㅙ		왜	왜
ㅞ	ㅞ		웨	웨

- 괄호 안의 낱말 중, 바르게 쓴 것에 O 표시를 해 보아요.

오늘은 (왠지 / 웬지) 기분이 좋아.

이게 (웬 / 왠) 떡이야.

- 낱말을 읽고 써 보아요.

황소 **돼지** **원숭이** **괭이**

ㅎㅘㅇ ㅅㅗ ㄷㅙ ㅈㅣ ㅇㅝㄴ ㅅㅜㅇ ㅇㅣ ㄱㅙㅇ ㅇㅣ

● 노랫말을 만들어 보아요.

김창규 - 김서방 김장하러 가-세-

박민영 - 박서방
박꽃처럼 예쁘지

백승현 - 백서방
-백년이나 사-세-

신윤재 - 신서방

심상우 - 심서방
-심심하면 노-세-

안소영 - 안서방
-안 놀고는 못배기지

윤은주 - 윤서방
-윤기가 자르르

이한주 - 이서방
-이리저리 바쁘지

장미나 - 장서방

정이영 - 정서방

조다영 - 조서방
-조-금만 공부하세

최영철 - 최서방
-최-선을 다하세-

홍수진 - 홍서방

다섯째 마당 233

드러내기

• 동무들과 놀이를 해 보아요.

공기놀이

공기놀이는 작은 돌 5개로 하는 놀이야. 먼저 돌 5개를 바닥에 뿌려. 그중 하나를 위로 던지고 나머지 돌 중 하나를 빨리 주워. 돌을 주울 때 옆에 있는 다른 돌을 건드리면 안 돼. 돌을 줍느라 떨어지는 돌을 받지 못하거나 놓치면 다음 사람 차례야. 돌 5개를 다 주운 다음에는 돌을 손등으로 받았다가 다시 던져서 잡아야 해. 돌을 많이 잡으면 이기는 놀이지.

꼬리잡기

꼬리잡기는 동무가 많을수록 재미있는 놀이야. 다 같이 가위바위보를 한 다음 가장 먼저 진 사람이 꼬리가 되지. 진 차례대로 꼬리 앞에 서고 끝까지 남은 사람은 머리가 되는 거야. 머리가 다른 편의 꼬리를 잡으면 이겨. 머리 뒤에 있는 사람들은 앞사람의 허리를 놓쳐선 안 돼.

딱지치기

종이를 접어 만든 딱지를 가지고 하는 놀이야. 가위바위보를 해서 진 사람이 먼저 땅바닥에 딱지를 놓아. 그러면 이긴 사람이 자기 딱지로 땅바닥에 있는 딱지를 힘껏 치는 거야. 땅바닥에 있던 딱지가 뒤집히면 그 딱지를 갖게 돼. 딱지가 뒤집히지 않으면 다음 사람 차례야.

땅따먹기

우선 땅바닥에 큰 원이나 사각형을 그려. 그 원이나 사각형 안에다 각자 자기 손바닥만큼 작은 원을 다시 그리지. 다음에 가위바위보를 해. 이긴 사람은 자기 원 안에 돌멩이를 놓고 손가락으로 톡 튕기지. 세 번 튕겨서 자기 원으로 돌아오면 움직인 만큼 자기 땅이 되는 거야. 그렇게 몇 번을 되풀이해서 땅을 더 많이 얻은 사람이 이기는 거지.

● 놀이 한 가지를 골라 놀이하는 차례를 써 보아요.

두꺼비집 놀이

1. 모래 속에 한 손을 넣어요.
2. 그 위에 모래를 덮어요.
3. 다른 한 손으로 두드리면서 노래해요.
4. 넣었던 손을 천천히 빼요.

1.
2.
3.
4.

4 호랑이의 줄무늬는 왜 생겼을까?

어느 추운 겨울날, 토끼 한 마리가 산에서 호랑이를 만났어.
호랑이는 다짜고짜 입을 딱 벌리고 토끼에게 덤벼들었어.
"어, 너 토끼 아니냐? 마침 잘 만났다. 내가 벌써부터 배가 고파
먹을 것을 찾고 있었는데 너를 잡아먹으면 배가 부를 테지."
토끼가 얼른 꾀를 냈어.
"에그, 호랑이 아저씨는 먹을 복도 많아.
하필이면 내가 떡을 구워 먹으려고 할 때 나타날 게 뭐람."
호랑이가 그 말을 들어 보니 떡 욕심이 생기거든.
토끼가 구워 놓은 떡도 먹고 토끼까지 잡아먹으면 좀 좋아.
"너, 그 떡 어디 있느냐?"
"이왕에 들켰으니 할 수 없지요. 따라오세요."

토끼는 호랑이를 데리고 자갈이 많은 곳에 갔어.
모닥불을 피우고 그 위에
동글납작한 자갈 열한 개를 주워서 올려놨어.
"그나저나 이 떡은 꿀에 찍어 먹어야 제 맛이 나는데……
옳거니, 내가 마을에 가서 꿀을 구해 올 테니
아저씨는 여기서 떡이 잘 구워지나 지켜보세요.
이 떡은 딱 열 개니까 내가 올 때까지 하나라도 미리 먹으면 안 돼요."
토끼는 일부러 호랑이에게 신신당부를 해 놓고
깡충깡충 뛰어 달아나 버렸어.

토끼가 간 뒤에 호랑이는 군침을 삼키면서 떡이 구워지기를 기다렸지.

한참 기다리다가 심심해서 떡을 세어 봤어.

"하나, 둘, 셋, 넷, 다섯……. 어렵쇼, 열 개가 아니라 열한 개일세."

잘못 세었나 하고 다시 한 번 세어 봐도 틀림없이 열한 개야.

"흐흐흐, 멍청한 토끼 녀석.

떡이 열한 개인 걸 모르고 열 개라고 했겠다.

그렇다면 내가 한 개를 집어먹어도 모르겠지."

호랑이는 토끼가 오기 전에 얼른 먹어치우려고

빨갛게 구워진 자갈을 냉큼 입 속에 집어넣고 꿀꺽 삼켰어.

그런데 그게 떡이 아니고 자갈이니,

불에 구워진 자갈이 얼마나 뜨거워?

"아이쿠, 뜨거워. 아이쿠, 뜨거워."

호랑이는 배 속이 너무 뜨거워서 펄쩍펄쩍 뛰다가 넘어졌는데,
하필이면 모닥불 위에 넘어질 게 뭐람.
그래서 호랑이 몸뚱이에도 불이 옮겨 붙었지.
"아이쿠, 뜨거워. 아이쿠, 뜨거워."
호랑이는 이리저리 뒹굴며 몸뚱이에 붙은 불을 끄느라고
똥줄이 빠졌어. 나중에 겨우 불을 끄긴 했지만
그을음 자국은 어쩔 수 없었지.
호랑이 몸에 있는 얼룩덜룩한 줄무늬는 이때
생긴 거란다.

◇ **호랑이에게 왜 줄무늬가 생겼나요?**
◇ **'ㅢ, ㅚ, ㅟ'가 들어 있는 낱자를 찾아보아요.**

다섯째 마당 **239**

읽고 쓰기 ➜ 쓰기 공책 28쪽

● 낱자를 읽고 써 보아요.

ㅢ ㅢ
ㅚ ㅚ
ㅟ ㅟ

의
외
위

● 맞는 것에 ○, 틀린 것에 × 표시를 해 보아요.

보미는 호랑이를 잘 알게 **되었다.** ○

보미는 호랑이를 잘 알게 **됬다.** ○

보미는 호랑이를 잘 알게 **됐다.** ○

어흥!

● 낱말을 읽고 써 보아요.

귀   회오리   참외   가위
귀   회오리   참외   가위

● 세 호랑이의 생김새를 자세히 말해 보아요.

● 호랑이를 따라 그려 보아요.

① 큰 동그라미 위에 ② 작은 동그라미 두 개! ③ 코를 그리고 ④ 콧수염과 눈 두 개 ⑤ 줄무늬를 그려 주면 와! 호랑이다.

 드러내기

• 역할을 나누어서 번갈아 읽어 보아요.

가래떡

떡 장수 할머니가 고개를 넘는데
꼬불꼬불 꼬부랑 고개를 넘는데
커다란 호랑이가 할머니 앞에 나타나

할멈, 할멈,
떡 하나 주면
안 잡아먹지!

할머니가 광주리에서 떡을 꺼내 주면서
기다란 가래떡 한 가닥 꺼내 주면서

호랑아, 호랑아,
이 떡 먹고
나를 고이 보내 줘.

그래서 호랑이가 떡을 먹기 시작했는데
길고 긴 가래떡을 먹기 시작했는데

하루 먹고
이틀 먹고
사흘 먹고
나흘 먹고

 먹어도 먹어도 끝이 없는
길고 긴 가래떡.

한 달 먹고
두 달 먹고
석 달 먹고
넉 달 먹고

떡 하나 다 먹어야 나를 안 잡아먹는데
호랑이가 저 긴 떡을 언제 다 먹노.

한 해 먹고
두 해 먹고
세 해 먹고
네 해 먹고

떡 하나 다 먹어야 할머니를 고이 보내 줄 텐데
이놈의 떡은 왜 이리 길담!

 할머니도 늙고
호랑이도 늙고
먹어도 먹어도 끝이 없는
길고 긴 가래떡.

— 끝 —

5 송아지 낮잠

권태응

젖 한 통 먹고는 콜콜 콜콜.
송아지 낮잠이 폭 들었지.

뽈록뽈록 뿔 위에 잠자리가 앉아도,
몰라요, 몰라요, 잠이 들었지.

엄마 소 핥아도 콜콜 콜콜.
송아지 낮잠이 폭 들었지.

따끈따끈 햇볕은 내리쪼이고,
곤해요, 곤해요, 잠이 들었지.

◇ 소리 내어 읽어 보아요.
◇ 흉내 내는 말을 다른 말로 바꾸어 읽어 보아요.
◇ 겹받침이 들어 있는 낱자를 찾아보아요.

6 겨울 물오리

이원수

얼음 어는 강물이
춥지도 않니?
동동동 떠다니는
물오리들아.

얼음장 위에서도
맨발로 노는
아장아장 물오리
귀여운 새야.

나도 이젠 찬바람
무섭지 않다.
오리들아, 이 강에서
같이 살자.

◇ 소리 내어 읽어 보아요.
◇ 흉내 내는 말에 어울리는 몸짓을 하며 읽어 보아요.
◇ 겹받침이 들어 있는 낱자를 찾아보아요.

읽고 쓰기 → 쓰기 공책 29쪽

- 낱자를 읽고 써 보아요.

ㄴㅈ 니은지읒

ㄴㅎ 니은히읗

ㄹㅌ 리을티읕

- 두 낱말의 같은 점과 다른 점을 말해 보아요.

앉다

안다

- 낱말을 읽고 써 보아요.

앉다　얹다　않다　핥다

- 낱말과 어울리는 그림을 찾아 선으로 이어 보아요.

얹다

괜찮다

끓다

핥다

- 바르게 읽어 보아요.

  - 참새가 나뭇가지에 앉아 놉니다.
  - 누리는 딱지가 많고, 보미는 구슬이 많습니다.
  - 누리가 구석구석에 있는 먼지를 훑어 냅니다.

- 틀리게 쓴 낱말을 찾아 바르게 고쳐 보아요.

  - 의자에 안자 책을 봅니다.
  - 보미는 곰 인형을 꼭 안꼬 잡니다.
  - 우리 할아버지 눈가에는 주름이 만씁니다.

드러내기

● 재미있는 말놀이를 해 보아요.

타조

타
자동차를 타
너는 자동차를 타

나는 타조를 타고 갈 테니까

거미

거미 거미 왕거미
거미줄 치는 왕거미

왕거미가 왕관이 없네
왕거미가 신하 하나 없네

거미 거미 왕거미
궁둥이 크다 왕거미

도

☐
☐ 를 줍자
☐ 를 줍자
다람쥐들이 ☐ 를 찾아다니네
☐ 가 없잖아
☐ 가 어디 갔지?

도깨비들이 다 먹었나?

● 나와 가까운 사람들에 대해 글을 써 보아요.

우리 누나 -김찬영

한 번도 빠짐없이
하는 소리
나
어떻냐라고

이모 -손아영

내 동생은
이모 소리가
이불도 아니고
이빨도 아닌
엄모

아빠 -이준우

아빠의 방귀 소리는
보통 방귀 소리가 아니고
돼지 방귀 소리다

가족 -한주은

친구랑 놀다
엄마가 불러 가고
동생이랑 놀다
아빠가 불러 가고

우리 엄마는 발올리기쟁이 -장수지

엄마가 내 얼굴에 발을 올려놨다
아이고 꼬랑내

다섯째 마당 **249**

7 후다닥 기차

미끄럼틀 옆을 보니까 은미가 쪼그리고 앉아서
모래를 파고 있다.
은미는 곧잘 늦게까지 남아
나머지 공부를 하는 아이다.
나는 은미 옆에 앉는다. 그리고 은미처럼 모래를 판다.
"은미야, 넌 왜 애들하고 안 놀아?"

"그냥."
"우리 같이 놀래?"
"응."
"뭐 만드는 거야?"
"두꺼비 집."
"그럼 나도 같이 할까?"
"……."

은미 맞은편에서 두꺼비 집을 짓는다.
모래를 어느 정도 파내고 손을 쑥 집어넣는다.
그 위에 모래를 쌓아 올린다.
"두껍아 두껍아 헌 집 줄게, 새 집 다오."
은미가 노래를 한다.
"두껍아 두껍아 헌 집 줄게, 새 집 다오."
나도 따라서 노래를 한다.
모래 위를 토닥토닥 두드릴 때마다
모래 속에 있는 손등이 간질간질하다.
두꺼비 집이 단단해지자 손을 살금살금 뺀다.
은미도 손을 살살 뺀다.
"와, 두꺼비 집이다!"
우리는 두꺼비 집 두 개를 더 짓는다.
"은미야, 우리 두꺼비 집 안에 길 낼까?"
"좋아."

마주 보고 있는 두꺼비 집에 손을 넣어 모래를 조금씩 긁어낸다.

맞은편에 앉은 은미도 두꺼비 집에 손을 넣어 모래를 파낸다.

두꺼비 집이 무너지지 않도록 살살 파서 긁어낸다.

갑자기 은미가 손을 빼고 주변을 살핀다.

나무 아래 있는 작은 나뭇가지를 주워 온다.

나뭇가지로 두꺼비 집 안의 흙을 파낸다. 나도 나뭇가지를 주워 온다.

손가락 끝으로 파낼 때보다 훨씬 잘 파진다.

"은미야, 구멍이 뚫렸어."

"어, 정말!"

손을 깊이 집어넣는다.

은미 손가락 끝이 내 손가락 끝에 살짝 닿는다.

참 보들보들하다. 은미가 활짝 웃는다.

퉁! 때구루루.

갑자기 축구 골대 쪽에서 공이 날아와 은미 두꺼비 집을 뭉개고 지나간다.

"어! 내 두꺼비 집……."

은미가 울먹인다.

"야, 꼬맹이! 공 좀 차."

호석이가 소리친다.

내가 멍하니 서 있는 사이 호석이가 가까이 온다.

"꼬맹이, 이제 나머지랑 노냐? 하하."

"……."
"뭘 쳐다봐? 내가 그랬냐? 공이 그랬지.
나머지는 가만히 있는데 네가 왜 째려보냐고, 이 꼬맹아!"
호석이는 씩씩거리며 공을 주워 가 버린다.
"하여튼 박호석은! 은미야, 우리 다시 두꺼비 집 짓자."
은미와 나는 다시 두꺼비 집 몇 채를 더 짓는다.
나뭇잎으로 두꺼비 집을 예쁘게 덮고 작은 돌로 담을 쌓는다.
제법 두꺼비 집 마을답다.
"와! 멋지다."
은미와 나는 마주 보며 웃는다.
그때 미끄럼틀에서 놀던 아이들이 소리친다.
"야, 종 쳤어! 너희 안 들어가?"
너무 열심히 집을 짓느라 종소리도 듣지 못한 모양이다.
서둘러 교실로 들어간다.
"윤식아, 다음 자유 시간에도 같이 놀자."
"그래, 은미야. 나도 좋아."

◇ **글을 읽고, 맞는 말에 ∨ 표시를 해 보아요.**

☐ 은미는 혼자 놀고 있었다.
☐ 윤식이와 은미는 두꺼비 집을 한 채 지었다.
☐ 호석이는 윤식이보다 겁이 많다.
☐ 은미는 윤식이와 함께 노는 것이 싫었다.

◇ **호석이는 왜 윤식이를 '꼬맹이'라고 부를까요?**
◇ **겹받침이 들어 있는 낱자를 찾아보아요.**

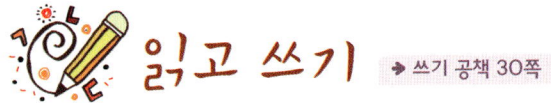 읽고 쓰기 → 쓰기 공책 30쪽

- 낱자를 읽고 써 보아요.

ㄺ ㄺ

리을기역

ㄻ ㄻ

리을미음

ㅀ ㅀ

리을히읗

- 두 낱말의 같은 점과 다른 점을 말해 보아요.

닮다   담다

- 낱말을 읽고 써 보아요.

흙   닮다   싫다   옳다

ㅎ—ㄹ   ㄷㅏㄹㄷㅏ   ㅅㅣㄹㅎㄷㅏ   ㅇㅗㄹㅎㄷㅏ

- 낱말과 어울리는 그림을 찾아 선으로 이어 보아요.

밝다 **수탉** **굶다** **삶다** **잃다**

- 바르게 읽어 보아요.

  - 오늘 읽은 책은 재미있습니다.
  - 우리 가족은 많이 닮았습니다.
  - 동생이 장난감을 잃어버렸습니다.

- 틀리게 쓴 낱말을 찾아 바르게 고쳐 보아요.

  - 나는 어제 아주 재미있는 책을 일것씀니다.
  - 나는 부모님을 담꼬 싶습니다.
  - 동생은 심부름을 하기 시러합니다.

 드러내기

- 보기 의 낱말을 넣어 문장을 만들어 보아요.

보기
굶다

점심을 굶었더니 배가 고프다.

보기
닭   싫다

새벽마다 들리는 닭 우는 소리가 너무 싫다.

보기
흙

지렁이는 흙 속에 산다.

- 모둠끼리 '후다닥 기차'를 만들어 놀아요.

준비물

종이 상자, 끈, 크레파스, 송곳, 가위

1. 가위로 종이 상자의 아래쪽, 위쪽 덮개를 뜯어내요.
2. 크레파스로 상자 겉면을 기차처럼 꾸며요.
3. 송곳으로 상자에 구멍을 내어 끈으로 이어요.
4. 칙칙 폭폭 기차놀이를 해요.

다섯째 마당

8 눈썰매장

엄마, 아빠와 함께 눈썰매장에 갔어요.
언제 왔는지 사람들이 많았어요.
유모차를 끌고 온 아주머니도 있어요.
붕어빵을 파는 아저씨는 쉴 틈이 없어요.
사람들이 줄을 서서 기다리고 있거든요.
안전요원 아저씨는 아이들이 다칠까 봐 호루라기를 들고
넓은 눈썰매장 이곳저곳을 지켜보고 있어요.
키가 작은 아이는 아빠와 함께 내려오는데,
아빠가 더 무서워하는 것 같아요.

다들 한 번이라도 더 타려고
뛰어가 줄을 서요.
나도 썰매를 이고
높은 언덕을 뛰어올랐어요.
조금은 겁이 났지만 쉭 하고
내려오는 기분은
정말 좋았어요.

◇ 그림에 있는 사람 중 한 명을 골라 옷차림, 생김새, 표정 등을 자세히 말해 보아요.
◇ 겹받침이 들어 있는 낱자를 찾아보아요.

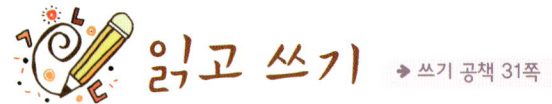

- 낱자를 읽고 써 보아요.

ㅄ 비읍시옷

ㄳ 기역시옷

ㄻ 리을비읍

- 두 낱말의 같은 점과 다른 점을 말해 보아요.

엄마, 반찬이 없어!

없다

업다

- 낱말을 읽고 써 보아요.

값   없다   몫   넓다   얇다

- 낱말과 어울리는 그림을 찾아 선으로 이어 보아요.

값

몫

넓다

밟다

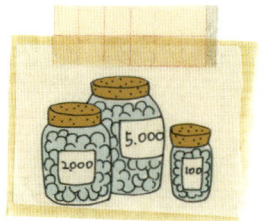

- 바르게 읽어 보아요.

  - 보미를 모르는 사람은 아무도 없습니다.
  - 내 몫이 이것뿐이야?
  - 바다는 너무 넓어.

- 틀리게 쓴 낱말을 찾아 바르게 고쳐 보아요.

  - 솔이네 마을에서는 볼 수 업씀니다.
  - 옷이 너무 얄바서 추워.
  - 내 발 밥찌 마.

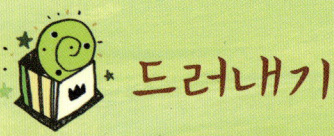 드러내기

- '있다, 없다' 놀이를 하면서, 답이 되는 낱말을 차례로 이어 보아요.

산에는 있고 바다에는 없는 것은?

낮에는 있고 밤에는 없는 것은?

어른은 있고 어린이는 없는 것은?

수업 시간에는 있고 쉬는 시간에는 없는 것은?

운동장에는 있고 교실에는 없는 것은?

수영장에는 있고 목욕탕에는 없는 것은?

오늘날에는 있고 옛날에는 없는 것은?

새에게는 있고 호랑이에게는 없는 것은?

원숭이에게는 있고 사람에게는 없는 것은?

쌀은 있는데 보리는 없는 것은?

겨울에는 있고 여름에는 없는 것은?

- 무슨 모양과 닮았나요?
- '있다, 없다' 문제를 만들어 보아요.

이 책을 만드는 데 참여하신 분들

집필진

제주모임 홀소리 ㅏ ~ ㅣ
- 대표 **양재성** 노형초등학교
- **고의숙** 함덕초등학교
- **고태이** 북촌초등학교
- **고희영** 예래초등학교
- **김명선** 제동초등학교
- **문희현** 노형초등학교
- **양영심** 동광초등학교
- **양은경** 오라초등학교
- **양은수** 동화초등학교
- **좌순영** 중앙초등학교

군포모임 닿소리 ㄱ, ㄲ, ㄴ, ㄷ
- 대표 **김병호** 나눔초등학교
- **강명선** 둔전초등학교
- **성용운** 갈뫼초등학교
- **엄혜진** 오전초등학교
- **원영주** 태백 동점초등학교
- **이경진** 서산 서림초등학교
- **이수근** 효성초등학교
- **이유진** 남수원초등학교
- **지순미** 평촌초등학교
- **최지력** 갈뫼초등학교

구리모임 닿소리 ㄸ, ㄹ, ㅁ, ㅂ
- 대표 **이경욱** 평동초등학교
- **김선정** 풍양초등학교
- **민형기** 풍양초등학교
- **박준표** 예봉초등학교
- **정지원** 용신초등학교

서울모임 닿소리 ㅃ, ㅅ, ㅆ, ㅇ
- 대표 **박지희** 창도초등학교
- **구희숙** 노일초등학교
- **권재옥** 불암초등학교
- **이화숙** 불암초등학교

익산모임 닿소리 ㅈ, ㅉ, ㅊ, ㅋ
- 대표 **임미성** 금마초등학교
- **강기선** 이리 마한초등학교
- **김선화** 이리 동초등학교
- **소미영** 송천초등학교
- **안민영** 이리 동초등학교
- **장희운** 이리 마한초등학교
- **최정은** 춘포초등학교

여주모임 닿소리 ㅌ, ㅍ, ㅎ
- 대표 **노복연** 여주초등학교
- **김선근** 상품초등학교
- **김윤우** 송삼초등학교
- **배훈** 여주초등학교
- **위희숙** 매류초등학교
- **이연숙** 세종초등학교
- **이윤국** 하호분교
- **장주식** 하호분교
- **정용진** 행정초등학교

완주모임 홑소리 ㅐ, ㅒ, ㅔ, ㅖ, ㅘ, ㅝ, ㅙ, ㅞ, ㅢ, ㅚ, ㅟ

대표	**이현근**	지사초등학교
	강한나	삼우초등학교
	노영윤	서곡초등학교
	염시열	오송초등학교
	전지민	한솔초등학교
	최상렬	삼천 남초등학교
	한경순	말꽃나라마주이야기교육연구소
	한지화	전주 동초등학교

가평모임 겹받침 ㄥ, ㄶ, ㄺ, ㄻ, ㄼ, ㄽ, ㅄ, ㄳ, ㄾ

대표	**이윤숙**	가평초등학교
	국찬석	미원초등학교 위곡분교
	신경철	가평초등학교
	신수경	수원 송정초등학교
	이재광	가평초등학교
	정은아	가평초등학교
	조경아	가평초등학교

기획진

김수업 우리말교육연구소

초등교육과정모임 전체 기획, 검토 및 수정

대표	**김영주**	남한산초등학교
	김강수	수동초교 송천분교
	윤승용	남한산초등학교
	장상순	상천초등학교

협력진

강등학	강릉대학교
서정오	작가
심상교	부산교육대학교
임재해	안동대학교
임지룡	경북대학교
조용훈	청주교육대학교
최시한	숙명여자대학교
최태호	목원대학교
한귀은	경상대학교

* 현재 근무지와 다를 수 있습니다.

글과 그림의 출처

마당	단원		글 제목	출처
둘째 마당	4	달님, 들어주세요	달	윤석중 작사 / 권길상 작곡
	5	똥 똥 귀한 똥	똥 똥 귀한 똥	《똥 똥 귀한 똥》 (보리 편집부 글·김시영 그림, 보리)
넷째 마당	3	춤을 추어요	돼지 임금	전래 동요
	5	탈 전시회	훨훨 간다	《훨훨 간다》 (권정생 글·김용철 그림, 국민서관)
	6	풀싸움	풀싸움	《사계절 생태놀이 – 가을》 (붉나무, 길벗어린이)
	7	열 개의 해	열 개의 해 해야 해야 나오너라	전국초등국어교과모임 풀어 씀, 서정오 감수 《가자 가자 감나무》 (편해문 지음, 창비)
다섯째 마당	1	재주 많은 네 형제	재주 많은 네 형제	《재주 많은 네 형제》 (서정오 글·이현아 그림, 곧은나무)
	2	하나는 뭐니?	하나는 뭐니?	《가자 가자 감나무》 (편해문 지음, 창비)
	3	어디까지 왔니?	어디까지 왔니? 편 서방 편하게 쉬세 공기놀이 외	《동무 동무 씨동무》 (편해문 지음, 창비) 《개똥이네 놀이터》 (2007년 11월호, 보리) 《꼬물꼬물 일과 놀이사전》 (윤구병 지음, 보리)
	4	호랑이의 줄무늬는 왜 생겼을까?	호랑이의 줄무늬는 왜 생겼을까? 가래떡	전국초등국어교과모임 풀어 씀, 서정오 감수 《신발 속에 사는 악어》 (위기철 지음, 사계절)
	5	송아지 낮잠	송아지 낮잠	《또랑물》 (권태응 지음, 보리)
	6	겨울 물오리	겨울 물오리	이원수 지음
	7	후다닥 기차	타조, 거미, 도토리 학생 글 후다닥 기차	《최승호 시인의 말놀이 동시집》 (최승호 지음, 비룡소) 김찬영, 손아영, 이준우, 장수지, 한주은 지음 《토끼집 카드》 (김영주 글·신민재 그림, 문학동네어린이)

초등학교 1학년 우리말 우리글

개정판 1쇄 발행일 2013년 2월 18일
개정판 8쇄 발행일 2022년 10월 24일

지은이 전국초등국어교과모임
발행인 김학원
발행처 휴먼어린이
출판등록 제313-2006-000161호(2006년 7월 31일)
주소 (03991) 서울시 마포구 동교로23길 76(연남동)
전화 02-335-4422 **팩스** 02-334-3427
저자·독자 서비스 humanist@humanistbooks.com
홈페이지 www.humanistbooks.com
유튜브 youtube.com/user/humanistma **포스트** post.naver.com/hmcv
페이스북 facebook.com/hmcv2001 **인스타그램** @human_kids
기획 정미영 **편집** 윤홍 이현정 **디자인** AGI SOCIETY 김태형 유주현
일러스트 권송이 권효실 김보미 김상인 김소희 김이조 김중석 김진희 허구
용지 화인페이퍼 **인쇄** 삼조인쇄 **제본** 광현

ⓒ 전국초등국어교과모임, 2013

ISBN 978-89-6591-023-7 64710
ISBN 978-89-6591-022-0 64710 (세트)

- 이 책은 저작권법에 따라 보호받는 저작물이므로 무단 전재와 무단 복제를 금합니다.
- 이 책의 전부 또는 일부를 이용하려면 반드시 저작권자와 휴먼어린이 출판사의 동의를 받아야 합니다.
- **사용 연령 8세 이상** 종이에 베이거나 긁히지 않도록 조심하세요. 책 모서리가 날카로우니 던지거나 떨어뜨리지 마세요.

초등학교 1학년

우리말 우리글 쓰기 공책

전국초등국어교과모임 지음

바르게 쓰기

❶ 그림과 같이 자세를 바르게 합니다.

❷ 연필을 바르게 잡습니다.

금 긋기

홀소리 쓰기 하나

ㅏ
아

ㅑ
야

ㅓ
어

ㅕ
여

ㅗ
오

ㅛ / 요	ㅛ						
	요						

ㅜ / 우	ㅜ						
	우						

ㅠ / 유	ㅠ						
	유						

ㅡ / 으	ㅡ						
	으						

ㅣ / 이	ㅣ						
	이						

아	야
아	야

아	이
아	이

여	우
여	우

오	이
오	이

유	아
유	아

쌍기역

까 꺄 꺼 껴 꼬 꾜 꾸 뀨 끄 끼

연	필	깎	이
연	필	깎	이

꾹	꾹
꾹	꾹

이	끼
이	끼

꼬	끼	오
꼬	끼	오

꽃
꽃

* 색칠해 보아요.

8

ㄴ 니은

ㄴ ㄴ ㄴ ㄴ ㄴ ㄴ ㄴ ㄴ ㄴ ㄴ ㄴ

나 냐 너 녀 노 뇨 누 뉴 느 니

나 냐 너 녀 노 뇨 누 뉴 느 니

노래

군밤

안경

눈

운동화

논

* ㄴ 무늬를 만들어 보아요.

디귿

ㄷ ㄷ ㄷ ㄷ ㄷ ㄷ ㄷ ㄷ ㄷ ㄷ ㄷ ㄷ

다 댜 더 뎌 도 됴 두 듀 드 디

다 댜 더 뎌 도 됴 두 듀 드 디

달	숟	가	락
달	숟	가	락

다	리	구	두
다	리	구	두

돌	도	마
돌	도	마

* 빨리 읽기 놀이를 해 보아요.

- 더다디도됴듀더다디두디드
- 뎌두두두듀더도도도됴
- 가까나다거꺼너더가까냐다

ㄸ ㄸ ㄸ ㄸ ㄸ ㄸ ㄸ ㄸ ㄸ ㄸ

따 땨 떠 뗘 또 뚀 뚜 뜌 뜨 띠

따 땨 떠 뗘 또 뚀 뚜 뜌 뜨 띠

| 띠 | 떡 | 국 | 뜸 | 부 | 기 | 딸 | 기 | 똥 |

| 땅 | 콩 | 오 | 뚝 | 이 |

* 어떤 글자가 만들어질까요?

ㄸ + ㅏ + ㄱ = 딱

ㄸ + ㅓ + ㄱ = ◯

ㄸ + ㅗ + ㄱ = ◯

ㄸ + ㅜ + ㄱ = ◯

ㄹ ㄹ ㄹ ㄹ ㄹ ㄹ ㄹ ㄹ ㄹ ㄹ ㄹ ㄹ

라 랴 러 려 로 료 루 류 르 리

라 랴 러 려 로 료 루 류 르 리

거	리	리	본	달	리	기	달	걀
거	리	리	본	달	리	기	달	걀

얼	굴	어	린	이
얼	굴	어	린	이

* 길 찾기 놀이를 해 보아요.

ㅁ 미음

마 먀 머 며 모 묘 무 뮤 므 미

가마 · 다리미 · 말 · 엄마 · 물 · 모락모락

* ㅁ 무늬를 만들어 보아요.

ㅂㅂㅂㅂㅂㅂㅂㅂㅂ
바 뱌 버 벼 보 뵤 부 뷰 브 비
바 뱌 버 벼 보 뵤 부 뷰 브 비

바람 보들보들 밥 비옷

일곱 비둘기

* 여러 가지 ㅂ을 써 보아요.

ㅂ ㅂ ㅂ ㅂ ㅂ

* 새로운 ㅂ 모양을 만들어 보아요.

ㅃ 쌍비읍

빠 빠 뻐 뼈 뽀 뾰 뿌 뷰 쁘 삐

| 뼈 | 뻐꾸기 | 기쁘다 | 빨리 |

| 뺨 | 뻐끔뻐끔 |

* 함께 읽어 보아요.

물오리 떼

빡빡빡빡 빡빡빡 빡빡빡빡 빡빡빡
오리 오리 물오리 떼가
하낫둘 셋넷 걸음 맞춰서
앞뜰 개울 뒤뜰 개울 물나라로
아그작 뽀그작 나들이 갑니다.

쓰기 공책 15

ㅅ 시옷

사 샤 서 셔 소 쇼 수 슈 스 시
사 샤 서 셔 소 쇼 수 슈 스 시

| 수박 | 사다리 | 버섯 | 이웃 |

| 손뼉 | 실룩실룩 |

* 소리 내어 읽어 보아요.

- 작년에 온 솥장수는 새솥장수이고, 금년에 온 솥장수는 헌솥장수이다.

- 쇠로 만든 철철창살인가 철로 만든 쇠철창살인가.

ㅆ ㅆ ㅆ ㅆ ㅆ ㅆ ㅆ ㅆ ㅆ ㅆ

싸 쌰 써 쎠 쏘 쑈 쑤 쓔 쓰 씨

싸 쌰 써 쎠 쏘 쑈 쑤 쓔 쓰 씨

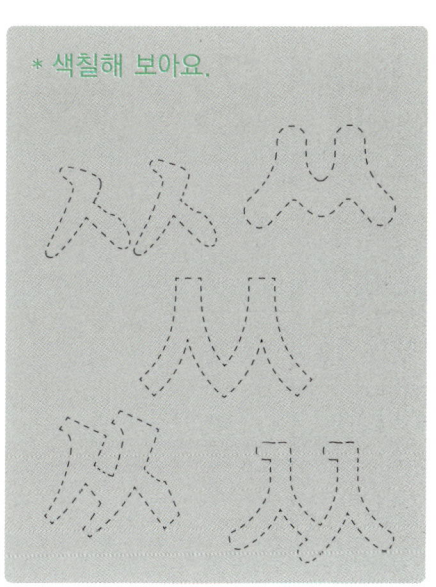

* 색칠해 보아요.

이응

ㅇㅇㅇㅇㅇㅇㅇㅇㅇㅇ
아 야 어 여 오 요 우 유 으 이
아 야 어 여 오 요 우 유 으 이

가	을	엉	덩	이	옹	이	기	둥
가	을	엉	덩	이	옹	이	기	둥

빨	강	송	알	송	알
빨	강	송	알	송	알

* ㅇ 무늬를 만들어 보아요.

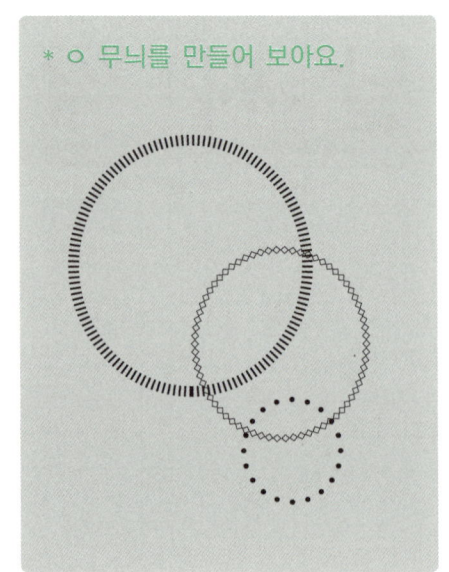

ㅈ ㅈ ㅈ ㅈ ㅈ ㅈ ㅈ ㅈ ㅈ ㅈ

자 쟈 저 져 조 죠 주 쥬 즈 지

자 쟈 저 져 조 죠 주 쥬 즈 지

자 저녁 주전자 송아지

낮 지글지글

* 소리 내어 읽어 보고,
ㅈ이 몇 개인지 세어 보아요.

감자꽃

자주 꽃 핀 건 자주 감자
파 보나마나 자주 감자
하얀 꽃 핀 건 하얀 감자
파 보나마나 하얀 감자   개

쌍지읒

ㅉㅉㅉㅉㅉㅉㅉㅉㅉㅉ
짜 쨔 쩌 쪄 쪼 쬬 쭈 쮸 쯔 찌
짜 쨔 쩌 쪄 쪼 쬬 쭈 쮸 쯔 찌

오	른	쪽	짝	꿍	짜	다	일	찍
오	른	쪽	짝	꿍	짜	다	일	찍

짜	장	면	쫄	깃	쫄	깃
짜	장	면	쫄	깃	쫄	깃

* 색칠해 보아요.

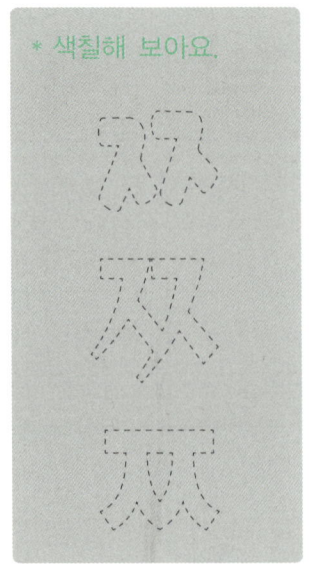

ㅊ ㅊ ㅊ ㅊ ㅊ ㅊ ㅊ ㅊ ㅊ ㅊ

차 챠 처 쳐 초 쵸 추 츄 츠 치

차 챠 처 쳐 초 쵸 추 츄 츠 치

치	마
치	마

춤	추	다
춤	추	다

경	찰	차	꽃
경	찰	차	꽃

공	책
공	책

촐	랑	촐	랑
촐	랑	촐	랑

* 소리 내어 읽어 보아요.

참새야 참새야 너 어디 가니?
순희네 처마에
알 낳으러 간다.

참새야 참새야 너 어디 가니?
귀여운 아기에게
밥 주러 간다.

ㅋ 키읔

ㅋㅋㅋㅋㅋㅋㅋㅋㅋㅋ
카 캬 커 켜 코 쿄 쿠 큐 크 키
카 캬 커 켜 코 쿄 쿠 큐 크 키

땅	콩	칼	쿵	덕	쿵	덕	부	엌
땅	콩	칼	쿵	덕	쿵	덕	부	엌

크	다	코	끼	리
크	다	코	끼	리

* 소리 내어 읽어 보아요.

- 이 콩깍지가 깐 콩깍지냐 안 깐 콩깍지냐.

- 강낭콩 옆 빈 콩깍지는 완두콩 깐 빈 콩깍지이고, 완두콩 옆 빈 콩깍지는 강낭콩 깐 빈 콩깍지이다.

ㅌ ㅌ ㅌ ㅌ ㅌ ㅌ ㅌ ㅌ ㅌ ㅌ ㅌ
타 탸 터 텨 토 툐 투 튜 트 티
타 탸 터 텨 토 툐 투 튜 트 티

깃	털

놀	이	터

타	박	타	박

타	조

솥	뚜	껑

발	톱

* 끝말잇기를 해 보아요.

털모자 →

자장가 →

가방 →

?

ㅍ 피읖

ㅍ ㅍ ㅍ ㅍ ㅍ ㅍ ㅍ ㅍ ㅍ ㅍ
파 퍄 퍼 펴 포 표 푸 퓨 프 피
파 퍄 퍼 펴 포 표 푸 퓨 프 피

파	리	풀	다	파	릇	파	릇	숲
파	리	풀	다	파	릇	파	릇	숲

무	릎	풀	피	리
무	릎	풀	피	리

* 소리 내어 읽어 보고, ㅍ이 몇 개인지 세어 보아요.

달팽이

밤 새워 기어 왔나 봐요.
산 아래 풀잎 위에 달팽이가 쉬고 있네요.
산은 높지요.
그러나 저 산을 넘어야 해,
달팽이가 기어갑니다. 개

ㅎ ㅎ ㅎ ㅎ ㅎ ㅎ ㅎ ㅎ ㅎ ㅎ

하 야 허 혀 호 효 후 휴 흐 히

하 야 허 혀 호 효 후 휴 흐 히

하	루
하	루

하	얗	다
하	얗	다

따	뜻	하	다
따	뜻	하	다

마	흔
마	흔

천	천	히
천	천	히

좋	다
좋	다

* ㅎ으로 웃음소리를 만들어 보아요.

하하하

후후후

홀소리 쓰기 둘

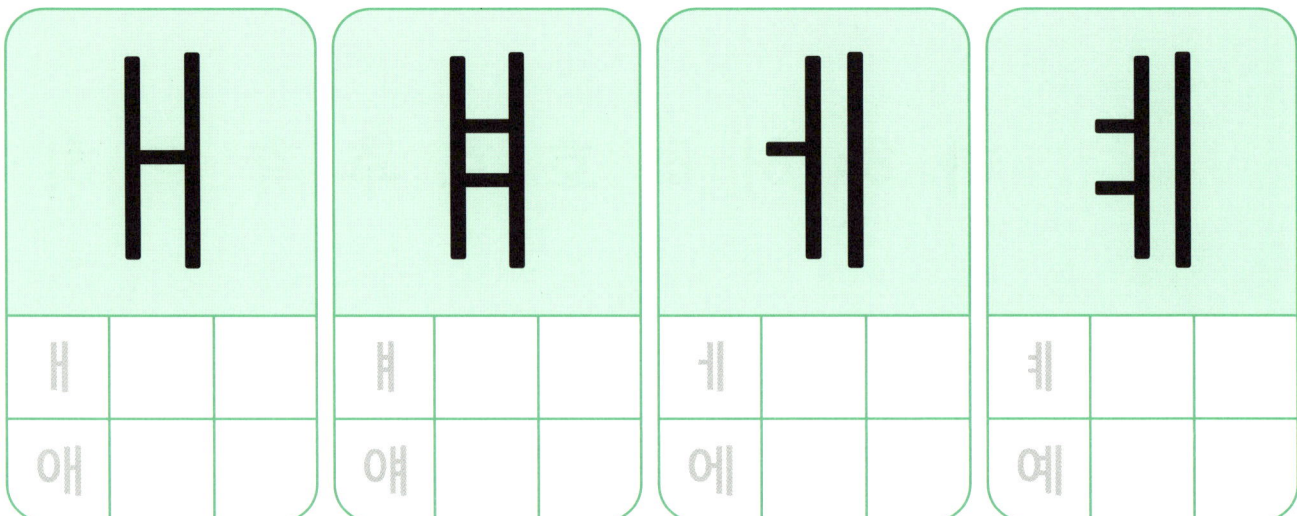

* 무엇일까요? 알아맞혀 보아요.

- 내 이름에는 '애벌레'처럼 'ㅐ'도 들어 있고 'ㅔ'도 들어 있어.
- 나를 '반딧불이'라고도 불러.
- 난 풀잎에 있는 이슬을 먹고 살지.
- 내 배에서는 빛이 나.
- 난 열흘 정도 살 수 있어.

ㅘ ㅝ ㅙ ㅞ

ㅘ		
와		

ㅝ		
워		

ㅙ		
왜		

ㅞ		
웨		

황	소
황	소

돼	지
돼	지

꿩
꿩

원	숭	이
원	숭	이

과	수	원
과	수	원

왜
왜

괭	이
괭	이

웬	일
웬	일

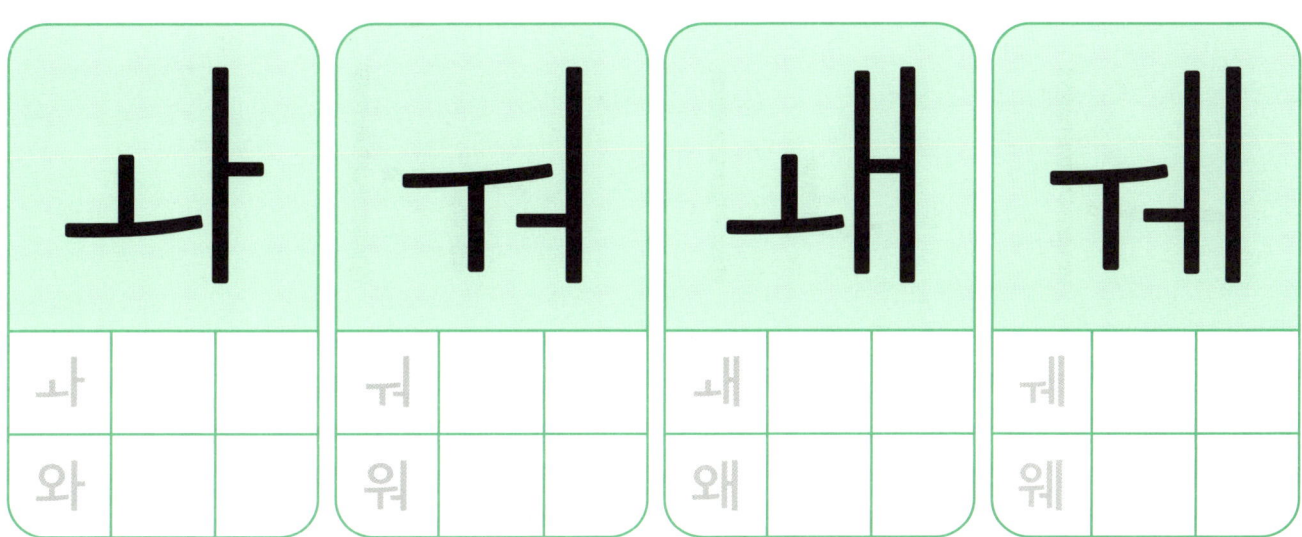

* 소리 내어 읽어 보아요.

우포늪

안개에 덮인
우포늪은
새들의 세상이다
우웩웩웩 우웩웩웩
퀘퀘퀘퀘 퀘퀘퀘퀘
깨깩깨깩 깨깩깨깩
푸드덕푸드덕푸드덕
애액애액애액애액애액
에엑우웩에엑우웩에엑
액액액액액액액액액액
깍악악악깍깍악악악깍
뚜두뚜두뚜두뚜두뚜두
삐약삐약삐약삐약삐약
까르까르까르까르까르
우두우두우두우두우두
꿔어억꿔어억꿔어억

ㅢ	ㅚ	ㅟ
ㅢ	ㅚ	ㅟ
의	외	위

귀
귀

회	오	리
회	오	리

참	외
참	외

흰	옷
흰	옷

가	위
가	위

쥐
쥐

휘	파	람
휘	파	람

* 소리 내어 읽어 보아요.

파리가 윙윙거리며 날아다녀요.

꿀벌도 윙윙거리며 날아다녀요.

예쁜 무늬를 가진 나비도 훨훨 날아다녀요.

갑자기 눈발이 희끗희끗 날리네요.

파리도, 꿀벌도, 나비도 숨을 곳을 찾아요.

겹받침 쓰기

ㄴㅈ　　**ㄴㅎ**　　**ㄹㅌ**

| 앉다 | 얹다 | 않다 | 많다 | 핥다 |

참새가 나무에 앉아요.

책을 책상에 얹어요.

무섭지 않아요.

보미는 구슬이 많아요.

엄마 소를 핥아요.

ㅂㅅ   ㄱㅅ   ㄹㅂ

| 값 | 없다 | 몫 | 넋 | 넓다 | 얇다 |

값이 너무 비싸요.

내 몫이 없어요.

넋이 빠진 것 같아요.

바다는 너무 넓어요.

옷이 얇아서 추워요.

글의 출처

해당 쪽	글 제목	글쓴이	책 제목	출판사
15쪽	물오리 떼	김희석	《꽃밭》-좋은 우리 동시로 백창우가 만든 노래	보리
19쪽	감자꽃	권태응	《또랑물》-권태응이 쓰고 백창우가 만든 노래	보리
24쪽	달팽이	김용택	《너 내가 그럴 줄 알았어》-김용택 동시집	창비
27쪽	우포늪	김바다	《소똥 경단이 최고야》	창비